"互联网+"背景下的酒店新业态探究

唐凡茗 / 程芸燕　著

Wuhan University Press
武汉大学出版社

图书在版编目（CIP）数据

"互联网+"背景下的酒店新业态探究 / 唐凡茗，程芸燕著 . — 武汉：武汉大学出版社，2022.1

ISBN 978-7-307-22642-5

I. 互⋯　II. ①唐⋯　②程⋯　III. 饭店—经营管理—研究—中国　IV. F719.2

中国版本图书馆 CIP 数据核字（2021）第 205958 号

责任编辑：黄朝昉　　　责任校对：姜程程　　　版式设计：刘　欣

出版发行：**武汉大学出版社**　　（430072　武昌　珞珈山）
　　　　（电子邮箱：cbs22@whu.edu.cn　网址：www.wdp.com.cn）
印刷：廊坊市海涛印刷有限公司
开本：710×1000　1/16　　印张：11　　　字数：207 千字
版次：2022年1月第1版　　2023年1月第1次印刷
ISBN　978-7-307-22642-5　　定价：48.00 元

前　言

　　随着科学技术的发展和互联网的普及，移动终端的价格变得更低廉，接入互联网更方便，使"互联网化"成为大势所趋。随着信息通信技术的进步，互联网、智能手机、智能芯片等被广泛应用于人们的生活，这为"互联网＋"的产生奠定了坚实的基础。

　　随着"互联网＋"时代的到来，人们之间的交流逐渐跨越了时间与空间的限制，"即时互动"和"信息对等"成为互联网时代的新特征，"用户流量"成为各大企业争夺的热点。"互联网＋"使传统商业的经营活动发生了巨大的改变，也为人们的日常生活带来了极大的便利。互联网在酒店行业的应用使其成为酒店营销的一项重要手段，将现代酒店行业的发展推向了一个新高度。

　　目前，互联网对酒店行业的渗透主要体现在销售环节，未来酒店行业的转型升级的潜在机会有两个：一是用户服务的体验环节——酒店客房、用餐、娱乐以及相关配套设施的互联网化；二是酒店在运营过程中同周边企业于商业合作模式上的创新，进而打造出以酒店为中心的新业态。酒店应把握好机遇，利用互联网创新经营模式，实现酒店行业的转型升级，为客户提供舒适的环境，提高酒店的核心竞争力。在此背景下，笔者在参阅相关资料的基础上，精心撰写了《"互联网＋"背景下的酒店新业态探究》一书。

　　本书共有六章内容。第一章作为全书开篇，论述了"互联网＋"的内涵及其对酒店的影响，为下文阐述在"互联网＋"背景下酒店的转型奠定理论基础。第二章和第三章分别对酒店的变革、转型模式、营销策略及其优势进行分析，提出酒店要想可持续发展，就要改变过度依赖线下住宿、餐饮收入的现状，扩大收入来源，打通线上市场，充分利用互联网资源，大力发展O2O线上线下一体化模式。第四章、第五章和第六章依次阐述了智慧酒店、民宿型酒店、邮轮旅游及房车露营四种新型酒店模式的发展现状及发展前景，并举实例进一步说明当前国内酒店在大数据背景下需不断创新，运用互联网实现酒店的智能化升级，提高管理效率，降低运营成本，以顺应时代发展，为客户提供更便捷、更舒适的住宿体验，增强酒店的竞争力。

随着互联网的普及，全球已步入大数据时代，在这样的时代背景下，笔者在吸收前人研究成果的基础上，既研究了"互联网＋"背景下酒店的营销模式转变，又结合社会现状，详细地分析了当前流行的四种酒店业态。从结构上看，本书开篇点题，章与章之间层次井然、条理分明，这是本书的特点之一；从内容上看，本书研究了区别于传统酒店住宿的智慧酒店、民宿型酒店、邮轮旅游、房车露营四种酒店模式的现状及未来发展趋势，内容新颖，这是本书的特点之二。

本书将酒店置于"互联网＋"环境下，以酒店的经营为框架，对酒店新的营销策略和发展业态进行了全面深刻的探讨，期望本书能够对酒店的经营实践具有一定的参考价值，从而为我国酒店行业的转型升级做出有益的贡献。

在本书的撰写过程中，笔者参阅、引用了国内外相关文献资料，得到了亲朋的大力支持，在此表示由衷的感谢。由于笔者水平有限，书中若有疏漏之处，恳请同行、专家及广大读者批评指正。

唐凡茗　程芸燕

2020 年 12 月

目　　录

第一章 "互联网 +"的内涵及其对酒店的影响

自 21 世纪以来，我国逐渐进入互联网时代，高速发展的互联网技术潜移默化地渗透进人们的日常生活 —— 购物越来越便捷，餐饮、娱乐越来越丰富，旅行、住宿越来越智能等。这种进步和变革改变了人们的生活方式和思想观念，带给人们新的生活体验。为了适应这种趋势，酒店行业需逐步改变经营模式。在这样的社会背景下，"互联网 +"思维应运而生，使酒店行业在信息化建设过程中所面临的难题迎刃而解。

第一节 "互联网 +"的产生与发展

一、"互联网 +"的产生背景

互联网技术的发展与普及使互联网和其他产业的融合成为可能，各大产业与互联网融为一体，"互联网化"成为发展的大趋势。随着信息通信技术的发展，互联网、智能手机和智能芯片等被广泛应用于人们的生活，这为"互联网 +"的产生奠定了坚实的基础。

未来，新一轮的科技革命与产业变革将继续深化，跨界融合和渗透将成为常态，新产业、新业态、新技术和新模式将层出不穷。"消费互联网"正逐步向"产业互联网"发展，传统产业和服务业的互联网潜力进一步释放，基于物联网、云计算的智能制造和能源共享正在改变传统的工业生产模式，基于互联网、大数据的协同运作和价值共享正逐渐成为主流，推动未来发展的主要资源也正在从物质能源转向信息知识，"众创""众包""众需"等新模式不断涌现，为"互联网 +"的发展提供了新引擎和新动力。

二、"互联网＋"的发展历程

2012 年 11 月 14 日，易观国际集团董事长于扬在易观第五届移动互联网博览会上首次提出"互联网＋"的理念。他认为："在未来，'互联网＋'公式应该是我们所在行业的产品和服务，在与我们未来看到的多屏全网跨平台用户场景结合之后产生的这样一种化学公式。我们可以按照这样一个思路找到若干这样的想法。而怎么找到你所在行业的'互联网＋'是企业需要思考的问题。"[①]2014年 11 月，李克强总理在出席首届世界互联网大会时指出，互联网是大众创业、万众创新的新工具。其中"大众创业、万众创新"是 2015 年政府工作报告的重要主题，被称为我国经济提质增效升级的"新引擎"。

2015 年 3 月，全国人大代表、腾讯集团 CEO 马化腾提交了《关于以"互联网＋"为驱动　推进我国经济社会创新发展的建议》的议案，"互联网＋"概念首次被正式提出。议案认为，"互联网＋"是指利用互联网平台、信息通信技术，把互联网和包括传统行业在内的各行业结合起来，在新领域中创造新的生态。我国要坚持以"互联网＋"为驱动，鼓励产业创新，促进跨界融合，惠及社会民生，进一步推动我国经济和社会的创新发展。

2015 年 3 月 5 日，李克强总理在第十二届全国人民代表大会第三次会议上首次提出"互联网＋"行动计划。李克强总理在政府工作报告中提出，制订"互联网＋"行动计划，推动移动互联网、云计算、大数据、物联网等与现代制造业结合，促进电子商务、工业互联网和互联网金融健康发展，引导互联网企业拓展国际市场。

2015 年 7 月 4 日，经李克强总理签批，国务院印发《关于积极推进"互联网＋"行动的指导意见》（以下简称《意见》），这是促进互联网由消费领域向生产领域拓展、加快产业发展水平、增强各行业创新能力、构筑经济社会发展新优势和新动能的重要举措。《意见》指出，我国"互联网＋"行动的总体目标是：到 2018 年，互联网与经济社会各领域的融合将进一步深化，基于互联网的新业态将成为经济增长的新动力，互联网在支撑大众创业、万众创新的作用进一步增强，互联网成为提供公共服务的重要手段，网络经济与实体经济协同互动的发展格局基本形成。

---

① 互联网赢销那些事儿."互联网＋"的时代背景[EB/OL].（2019-05-06）[2020-11-13].https://www.sohu.com/a/312021485_120146893?sec=wdl.

2015 年 12 月 16 日，第二届世界互联网大会在浙江乌镇举行，论坛上，我国互联网发展基金会联合百度、阿里巴巴、腾讯共同发起倡议，成立"中国互联网 + 联盟"。[①]

2016 年 4 月 19 日，在网络安全和信息化工作座谈会上，习近平总书记特别强调，"按照创新、协调、绿色、开放、共享的发展理念推动我国经济社会发展……是当前和今后一个时期我国发展的总要求和大趋势……我国网信事业发展要适应这个大趋势……在践行新发展理念上先行一步……推进网络强国建设，推动我国网信事业发展，让互联网更好地造福国家和人民。"[②]

2016 年，阿里巴巴集团创始人马云在云栖大会上第一次提出"新零售"概念，马云认为，只有线上、线下产业和现代物流结合在一起，才能诞生"新零售"。纯电商的时代很快将结束，纯零售的形式也将被打破，新零售将引领未来的新商业模式。

2017 年，美团点评餐饮平台战略大客户总经理孙红霞提出了社会企业新阶段的构想，即有极大社会价值和能够积极承担社会责任的互联网高科技企业才能被称为"社会企业"。

2018 年 1 月 9 日，我国互联网协会发布了《2017 年我国互联网产业发展综述与 2018 年产业发展趋势报告》（以下简称《报告》），预测 2018 年我国互联网产业将向新技术、新动能、新场景、新体验、新挑战和新生态六大趋势发展。《报告》指出，主管部门将对新生态审慎包容和及时治理，为企业营造良好的发展环境。互联网企业要瞄准新技术和新场景做相应的战略调整，布局更大的发展空间，人工智能和云计算等将成为布局的重点。

2019 年，我国互联网产业发展迈进新时代，人工智能有望赋能各行各业，与各大产业更加深入地结合，改变人们的生活方式，从而推动社会经济的发展。2019 年 4 月 16 日，深圳华侨城洲际酒店、深圳电信、华为签署 5G 智慧酒店战略合作协议，联合启动全球首个 5G 智慧酒店建设，包括移动云办公、4K 云渲染游戏、5G 云 VR 划船机、5G 迎宾机器人等，将 5G 网络、终端、云应用首次引入商用场景，给酒店插上 5G 的翅膀。

目前，我国在互联网技术、产业、应用以及跨界融合等方面取得了积极进展，"互联网 +"已成为人们生活中不可或缺的部分。

---

① 余以胜，胡汉雄 . 解读"互联网 +"[M]. 广州：华南理工大学出版社，2016：5.
② 温红彦，张毅，廖文根，等 . 让互联网更好造福国家和人民：党的十八大以来习近平总书记关于互联网系列重要讲话精神综述 [EB/OL].（2016-11-14）[2020-11-13]. http://theory.people. com.cn/n1/2016/1114/c40531-28857346.html.

第二节 "互联网+"的内涵、特征与意义

一、"互联网+"的内涵

"互联网+"是指以互联网为主的新一代信息技术（包括移动互联网、云计算、物联网、大数据等）在社会生活中的扩散、应用与深度融合的过程，它对我国社会经济的发展具有广泛而深远的影响。"互联网+"具体表现为传统产业的在线化、数据化和智能化，其本质是现代信息技术与传统产业的跨界融合和应用创新，进而衍生出新业态、新服务和新模式。这种产业模式改变了以往存在于某个部门或企业内部的传统模式，可以随时在产业上下游、协作主体之间以最低的成本流动和交换。

通俗来说，"互联网+"就是"互联网+各个传统产业"，但这并不是简单的两者相加，而是利用信息通信技术及互联网平台，使互联网与传统行业进行深度融合，创造出新的发展生态。

（一）"互联网+"计划

"互联网+"概念的中心词是"互联网"，它是"互联网+"计划的出发点。"互联网+"计划可以分为两个层次来理解。

1."互联网"与符号"+"

"互联网+"可以解释为"互联网"与符号"+"。符号"+"理解为加号，即代表添加与联合。这表明了"互联网+"计划的应用范围为互联网与其他传统产业，它是针对不同产业间发展的一项新计划，其是通过互联网与传统产业进行联合和深入融合的方式进行的。

2."互联网+"

"互联网+"作为一个整体概念，其深层含义是指传统产业通过"互联网化"来完成转型升级。互联网通过对大数据的分析与整合，试图厘清供求关系，改变传统产业的生产方式和产业结构，增强经济发展的动力，提高效益，从而促进国民经济健康有序地发展。

（二）对"互联网+"的理解

国家将"互联网+"提升到战略层面，其根本目的是要充分发挥互联网在生产要素配置中的优化和集成作用，把互联网的创新成果与经济社会各领域深度融合，使互联网产生放大效应，大力提升实体经济的生产力和创新力，形成以互联网为基础设施和实现工具的经济发展新形态，从而实现产业升级与整体经济转型的深层目的。理解"互联网+"可以从三个方面入手。

1. 理解"互联网+"行动计划的战略定位

理解"互联网+"的第一步是必须理解"互联网+"行动计划的战略定位，要深入贯彻党的十八大、十八届四中全会和习近平总书记系列重要讲话精神，坚持以"发展为第一要务"，认真落实"四个全面"的新要求，全面深化改革开放，以"互联网+"为抓手，坚持两化深度融合与"四化"同步协同发展，大力实施创新驱动，致力融合应用，着力推进"大众创业、万众创新"，突破新技术、研发新产品、开发新服务、创造新业态、改造传统产业、发展新兴产业，推动我国经济社会全面转型升级。

2. 理解"互联网+"行动计划的目标

随着互联网产业与其他产业的融合、渗透以及转型创新的进一步深化，我国信息经济发展水平已位于世界前列，基本建成若干个有影响力的"互联网+"经济深度融合示范区，已初步确立互联网产业在国民经济中的重要地位。在大数据应用领域，我国应建成2～3个国内领先的大数据运营中心，引进和培育一批大数据应用企业，建立政府信息资源和公共信息资源开放共享机制。在两化融合领域，我国应使两化融合发展指数达到86以上，提高发展水平。[①]

3. 理解"互联网+"行动计划的着力点

除了"互联网+"行动计划的战略定位和发展目标，还应了解"互联网+"行动计划的三个着力点：第一，我国应着力做优存量，推动现有传统行业（包括制造、农业、物流、能源等产业）的提质增效，通过实施"互联网+"行动计划来推进产业转型升级；第二，我国要着力做大增量，打造新的增长点，培育新的产业，包括生产性服务业、生活性服务业；第三，我国还应推动优质资源的开放，完善服务监管模式，增强社会、民生等领域的公共服务能力。

---

① 周鸣争，刘三民."互联网+"导论[M].北京：中国铁道出版社，2016：6.

二、"互联网＋"的特征

(一) "互联网＋"的外在特征

"互联网＋"的外在特征主要表现为"互联网＋传统产业"。"互联网＋"是互联网与传统产业的结合，其最大的外在特征就是依托互联网把原本孤立的各传统产业相连起来，通过大数据完成行业间的信息交换。信息不对称是普遍存在于各行业的一个顽疾，它会导致供需关系不清的现象产生，从而影响相应行业的生产结构、生产模式与生产效率。而以云计算、物联网、移动通信网络为代表的新信息技术可以为打破信息的闭塞与孤立提供可能。事实上，目前在交通、金融、物流、零售业、医疗等行业，互联网已经与传统产业逐渐联合，并取得了一些成果。"互联网＋"作为外部力量，有利于互联网与传统产业的深度融合。但传统产业不能单纯将互联网作为工具运用，而要实现线上和线下的融合与协同，利用产业明确的供需关系，为用户提供精准、个性化的服务。当然，在不同的行业，"互联网＋"的具体表现也不相同，所以还需要根据实际情况分析不同行业与互联网的融合程度和方式。

(二) "互联网＋"的内在特征

"互联网＋"的内在特征是"产业升级＋经济转型"，即"互联网＋"带动传统产业实现互联网化转变。互联网化是指传统产业依托互联网数据实现对用户需求的深度分析。传统产业通过互联网化调整产业模式，形成以产品为基础、以市场为导向、为用户提供精准服务的商业模式。互联网的商业模式是基于流量展开的，互联网带来的是"眼球经济"，换言之，将注意力转变为流量，最终实现流量变现。因此，如何吸引用户关注、了解用户需求便是互联网商业模式改革的关键。基于新的商业模式，传统产业通过调整资本运作和生产方式，从单纯注重产品生产的固有思维中解放出来，在关注产品的基础上加入用户的需求，使企业形成具有互联网思维的新型经营模式。

(三) "互联网＋"的主要特征

"互联网＋"通过管理体系、技术应用、商业模式等综合创新来实现产业升级。传统产业的互联网化使传统产业的效率、运营、管理等方面均得到提升。其主要特征表现为跨界融合、创新驱动、重塑结构、尊重人性、开放生态和连接一切六个方面。

1. 跨界融合

"互联网＋"的"＋"代表跨界、变革、开放和融合。只有敢于跨界，创新的基础才更坚实；只有融合协同，群体智能才会实现，从研发到产业化的路径才会更垂直。互联网和传统行业全方位协作，共同建立完善的发展模式，进而带动各行业发展。传统行业的制造技术、产品内容、营销模式、组织管理、用户服务等都可以通过互联网进行调整。传统企业想要对行业内部规律了解得更透彻，就要主动吸收互联网理念，明确自身战略定位，充分考虑用户需求，提升用户体验，增强用户黏性。互联网化并不是要颠覆传统行业，而是探求大众所需，满足用户需求，使其更加有利于行业发展。融合本身也指代身份的融合，如顾客消费转化为投资、伙伴参与创新等。

2. 创新驱动

创新驱动是产业转型升级、优化产业结构的出路。我国粗放的资源驱动型增长方式早就难以为继，必须转变到创新驱动发展这条正确的道路上来。这正是互联网的特质，用新兴的互联网思维来求变、自我革命，也更能发挥创新的力量。传统产业要依托互联网数据实现对用户需求的深度分析。传统产业通过互联网化进行转型和升级，形成一种以产品为核心的面向市场的新商业模式。

3. 重塑结构

全球化、信息革命、互联网业已经打破了原有的社会结构、经济结构、地缘结构和文化结构，商业模式中的议事规则、话语权不断发生变化。为了实现新时代的稳定，"互联网＋"将重塑各种结构。

4. 尊重人性

"人性"是推动科技进步、经济增长、社会进步和文化繁荣的最根本力量，也是互联网强大力量的最根本来源。对人性最大限度的尊重、对人的体验和创造性发挥的重视是"互联网＋"时代的重要特点。目前，用户生成内容、嵌入式营销和分享经济越来越受关注，这些都凸显了对人性的尊重。

5. 开放生态

"互联网＋"时代中，开放生态是维持市场与各大产业健康发展的前提，同时也是"互联网＋"的重要特征之一。

我国推进"互联网＋"的主要目的之一是要把各产业中制约创新的环节去除，把"孤岛式创新"连接起来，由人性研发决定市场驱动的方向，让敢于创新者有机会实现自我价值。

6. 连接一切

连接是有层次的，有差异的，且连接的价值差异较大，但连接一切是"互联网＋"的目标。

三、"互联网＋"的意义

随着互联网技术的不断发展以及互联网在人们工作和生活领域的不断渗透，互联网已经成为人们生活中不可或缺的一部分。互联网的应用深刻地改变了人们的生产方式、生活方式和思维方式，已经成为推动中国特色社会主义现代化建设的重要动力。

（一）政治方面

"互联网＋"不仅增加了政治传播的广度和深度，还使政治传播主体更加多元化，任何人都可以通过互联网方便、快捷地发布或传递信息。同时，互联网信息制作和传递的无中心性，使得互联网信息一经发布便可瞬间展现在网民面前，大大提高了政治信息传播的时效性。

"互联网＋"加强了党和群众之间信息的交流与反馈。一方面，群众可以获得更多关于党和政府运作的信息，其知情权得到满足，从而增强了群众向党和政府进行利益诉求和意见表达的主动性。另一方面，党和政府可以利用互联网进行信息公开和做出回应，简化办事流程，提升党和政府为民办实事、办好事的形象。例如，某市政务服务中心开通微信公众号，群众可以通过查询微服务来了解服务办理流程，甚至可以预约办理时间，这样不仅缩短了政府与群众之间的距离，还提高了政府为群众办事的效率。

（二）经济方面

"互联网＋"为我国传统经济的发展插上了翅膀。习近平说道："惟改革者进，惟创新者强，惟改革创新者胜。"我国传统的制造业都处于代工模式，企业盈利小、污染大，同时面对着人口红利、成本高、竞争力小的局势，其现状亟待改变。而"互联网+"为传统制造业带来了希望，推动其进入新常态，促使经济发展方式从规模速度型粗放增长转向质量效率型集约增长，经济结构从以增量扩能为主转向调整存量与做优增量并举，经济发展动力从传统增长点转向新的增长点。例如，海尔以"互联网+"打造"透明工厂"生产线，让企业线上与线下融合，推动企业的经济发展。"互联网+"为传统制造业添砖加瓦，打造合作品牌，编制了全球经济网，兜住经济增长量。①

（三）文化方面

"互联网+"不仅带来了社会政治与经济的变化，还重塑着社会的文化形态，带来了空前的文化变迁。互联网时代形成的网络文化新形态，早已成为人们精神文化生活的重要组成部分。

从总体上看，网络文化是人、信息与文化"三位一体"的产物，它以通过网络平台传播信息的方式，不断地影响着人们的思想观念、价值取向、行为方式和道德意识。网络文化作为一种开放、平等的文化，它鼓励每个人都保持自己的个性，使人们自由、自主的空间得以扩大，平等、民主的观念得到强化，从而提高自我认知水平，促进自我价值的实现。

第三节 "互联网+"的技术支撑

一、云计算、云储存和云技术

云计算、云储存和云技术中的"云"实际上是指网络。狭义地讲，云计算就是一种提供资源的网络，用户可以随时按需获取"云"上面的资源，并且是无限扩展的，只需按量付费即可。目前，人们常提到的云计算大部分首先是指IT服务模式，其次是技术。云储存是一种网络存储模式，就是把数据存放在由第三方托管的多台虚拟服务器（即云计算服务商的虚拟存储设备）上面。而云技术是指在广域网或局域网内将硬件、软件、网络等系列资源统一起来，实现数据的计算、

---

① 公务员论坛."互联网+"下的跨界融合[EB/OL].（2017-09-23）[2020-12-10].https://www.sohu.com/a/194051976_100006598.

储存、处理和共享的一种托管技术，包括虚拟化、分布式计算、并行计算等。简单地说，云技术是实现云计算的一些技术，而云储存则是利用网络技术将不同类型的存储设备集合起来进行协同工作的一个系统。

二、大数据

（一）大数据的产生

20 世纪 70 年代末，人们开始尝试在网上进行交易。但是，由于互联网的匿名性与早期监管的缺失，网上交易产生了许多投机行为。随着第三方惩罚机制和声誉机制的建立与完善，网上交易环境逐渐得到优化，越来越多的人愿意在互联网上进行交易，交易所产生的网络数据也不再是人们上网环节产生的副产品。每天在互联网上产生的交易数据已成为维系社会经济事业的关键纽带，一些业内人士看到了其中的商机，开始运用统计学工具对这些数据进行分析。随着人们生活水平的不断提高和数字化、信息化的普及，与工作、生活相关的信息类型和规模都以前所未有的速度不断增长。如今，大数据已覆盖了人类经济社会的方方面面。

（二）大数据的特点

"大数据"的英文"Big Data"可以恰如其分地刻画出其自身庞大的数据规模，我们可以从数据量对大数据进行初步认识，还可以从大数据的特征对其进行全面理解。总的来说，大数据的特点可以概括为"4V"（Volume，Variety，Velocity，Value）。Volume（大量的）指传统技术已无法处理的庞大数据量，例如，一座大型城市在一年时间内所产生的数十亿条智能电表数据，利用传统的方法难以处理，而运用大数据则可以清晰地记录；Variety（多样化的）是指大数据中不仅有传统的结构化数据，而且有非结构化、半结构化数据；Velocity（高速增长的）指数量众多的设备所产生的实时数据量十分庞大，数据总量呈指数级增长，需要利用先进的技术手段才能及时对其进行记录与存储；Value（有价值的）指单条数据的价值虽然不大，但当数据量达到庞大的规模时，企业能从中分析出有价值的信息。例如，企业利用用户消费的各种数据，分析出不同用户群体的消费意向及发展趋势，这对企业来说就是十分有价值的商业情报。当庞大的数据量难以用统计学的方法进行处理时，就必须借助云计算等更先进的技术与方法对其进行处理。

三、商务智能

（一）商务智能的含义

商务智能，简称 BI（Business Intelligence），是指利用现代数据仓库技术、线上分析处理技术、数据挖掘和数据展现技术进行数据分析，以实现商业价值。关于商务智能的研究有很多，不同学者提出了不同的理解与定义，并对其进行了补充。概括地说，商务智能就是能够从海量业务和相关数据中提取有用的信息，并把它转化成知识，然后根据这些知识，智能地做出商务行为的工具。值得指出的是，商务智能涵盖了许多数据挖掘的方法及工具。数据挖掘的最终目的是实现数据价值，而企业实行商务智能是实现数据价值的最佳方式。

（二）商务智能的应用

1. 商务智能与业务分析

对一个企业而言，其分析能力最大化的基础是能够访问企业内部的所有数据源，而不受各类平台的限制；服务能力最大化的基础则是可同时为大量用户提供便于理解的详细信息视图，不受用户角色或所在位置的影响。企业想要解决各类业务分析的问题，就要考虑利用智能化的工具，完成对不同用户的信息分析。此外，企业需要具备多样化的业务分析功能，而各式各样的分析工具、平台带来的信息壁垒以及企业对某种应用的过度依赖等因素，给企业的分析工作增添了许多困难。需要说明的是，业务分析并非"放之四海而皆准"，不同用户的需求可能会有很大的区别。企业只有通过分析不同用户的需求类型，将其与组织中的特定角色结合起来，才能从中获益。

2. 商务智能与决策管理

决策管理是用来优化业务决策并使之自动化的一种有效方法。它通过预测分析使组织能够在制订计划以前有所行动，以便预测哪些行动在未来最有可能获得成功。

从广义的角度来看，组织决策类型主要有三种：战略型、业务型和战术型。其中，战略决策通常为组织设定长远目标；业务决策通常包括策略或流程的制定，专注于在战术级别上执行特定项目或目标；业务与战术决策通常是将策略、流程或规则应用到具体事例中。这些决策用于自动化办公流程，能够使各种决策更具可预测性。

决策管理通常专注于大批量决策，并使用基于规则或基于分析模型的应用程序实现管理，而商务智能的出现使得决策管理的过程得以优化。商务智能利用决策流程框架来分析和优化决策流程，并使得自动化决策在一些小问题的处理过程中成为可能。

四、物联网

（一）物联网的含义

物联网是新一代信息技术的重要组成部分，也是信息化时代经济发展的重要驱动力。物联网是物物相连的互联网，其包含两层意思：第一，物联网的核心和基础仍然是互联网，是在互联网基础上延伸和扩展的网络；第二，物联网通过智能感知、识别等通信感知技术被广泛应用于网络融合中，因此也被称为继计算机、互联网之后世界信息产业发展的第三次浪潮。物联网是互联网的应用拓展，与其说物联网是网络，不如说物联网是业务与应用。

（二）物联网的关键技术

1. 感知与标识技术

感知和标识技术是物联网的基础技术之一，其主要用于采集物理世界中发生的客观事件和数据，实现对外部世界信息的感知与识别，包括多种传感技术、二维码识别技术等。其中传感技术利用传感器和多跳自组织传感器网络，协作感知、采集网络覆盖区域中被感知对象的信息。传感器技术依附于敏感机理、敏感材料、工艺设备和计测技术，对基础技术和综合技术的要求很高。目前，传感器在被检测量的类型、精度、稳定性、可靠性、低成本、低功耗等方面还没有达到大规模应用水平，这是我国物联网产业化发展的技术瓶颈之一。识别技术涵盖物体识别、位置识别和地理识别，它对物理世界的识别是实现全面感知的基础。物联网标识技术以二维码、无线频射识别标识技术为基础，其中对象标识体系是物联网的一个重要技术。从应用需求的角度来看，识别技术首先要解决对象的全局标识问题，所以有必要研究物联网的标准化对象标识体系，并适当地兼容或融合各种现有的传感器和标识方法，以支持现有的和正在发展的识别方案。

2. 网络与通信技术

网络是物联网信息传递和服务支撑的基础设施，通过泛在的互联功能，实现感知信息高可靠性、高安全性地传送。

（1）接入与组网

物联网的网络技术涵盖泛在接入和骨干传输等多个层面的内容。以互联网协议版本 6 为核心的下一代网络，为物联网的发展创造了良好的基础条件。以传感器网络为代表的末梢网络在规模化应用后，面临与骨干网络的接入问题，并且其网络技术需要与骨干网络进行充分协同，这些都是物联网发展过程中将面临的挑战。

（2）通信与频段

物联网需要综合各种有线及无线通信技术，其中近距离无线通信技术将是物联网领域的研究重点。由于物联网终端一般使用工业科学医疗频段进行通信，频段内包括大量的物联网设备以及现有的无线保真、超宽带、蓝牙等技术设备，频谱空间极其拥挤，在一定程度上制约了物联网的应用范围。

3. 计算与服务技术

在物联网的计算与服务技术中，对海量感知信息的计算与处理是物联网的核心支撑，服务和应用则是物联网的最终价值体现。

（1）信息计算

海量感知信息计算与处理技术是物联网应用大规模发展后面临的重大挑战之一，其需要研究海量感知信息的数据融合、高效存储、语义集成、并行处理、知识发现和数据挖掘等关键技术，攻克物联网云计算中的虚拟化、网格计算、服务化和智能化等技术难题。

（2）服务计算

物联网的发展应以应用为导向，在物联网的语境下，物联网服务的内涵将得到扩展，不断涌现的新型应用将使物联网的服务模式与应用开发受到巨大挑战。近年来，随着云计算的兴起和逐渐普及，物联网的服务计算普遍采用云计算的方式，云计算与物联网技术的结合又形成了"云物联"的新兴概念，成为物联网服务计算技术的发展趋势。

第四节 "互联网＋"背景下酒店的发展趋势

酒店的发展既受"互联网＋"背景下信息技术发展的推动，也受客源需求的推动。酒店顾客越是感受到信息技术带来的便利服务，越会要求和推动酒店进行信息化改造和升级。目前，我国酒店的信息技术已经从纯粹的沟通技术向智慧运营技术转变，它深深地嵌入酒店的客源招徕、服务运作、产品体系和整合管理机制中，酒店的市场模式、服务模式、硬件设施和管理模式都面临着巨大的挑战，需要根据新的技术基础进行改进和更新。

一、酒店市场模式的改变

随着"互联网＋商业模式"的推广和大数据技术的应用，我国酒店在线预订的市场规模不断扩大，以携程网、去哪儿网、美团网、飞猪网等为代表的互联网企业几乎垄断了酒店在线预订市场，它们利用强势的渠道系统强化自身对线下酒店的支配地位，由此也形成了在线预订平台和线下酒店的收入分成模式。为了应对这种挑战，7天、如家、汉庭等大型的经济型连锁酒店也依托自身资源开发和升级官网预订平台，拓展客源市场。同时，以共享顾客资源为目的的酒店联盟也纷纷出现。显然，"互联网＋"带来的新业态已经改变了传统的依靠旅行社端口、电话营销和口碑传播来招徕顾客的市场模式。

随着智能手机的普及，移动预订市场变得越来越重要。在线预订平台更加重视手机预订应用软件（App）端口的客源流量，部分连锁酒店也通过自身开发的App招揽顾客。智能手机将持续推动移动预订业务的发展，这将进一步改变酒店的市场营销模式，酒店预订业务和移动业务之间的关联将越来越紧密，其中酒店当日预订和即时预订的业务量受到的影响最大。例如，美团的迅速兴起就是因为它吸引了大批"边走边订"的顾客。

在酒店的移动预订业务中，网络端口、信息流、顾客流和预订量是相互联系的。App平台的信息流越大，参与的顾客越多，预订量也就越大，酒店企业才能获得更丰富的顾客资源。为了获得移动端的客源流量，酒店既需要搭接优质的预订平台，还需要依靠预订平台进行有效的展示，才能满足消费者对住宿产品的综合需求，提高自身的竞争力。同时，酒店移动预订平台可以面向顾客提供展示酒店文化、送餐、洗衣、鲜花销售等多元化的衍生服务，以增强移动预订中的关联性和市场黏性。当然，移动界面的用户体验是交易成功的关键，简单流畅的操作体验有利于获得移动预订业务，而复杂烦琐的预订界面则容易带来糟糕的用户体验，使顾客放弃预订。显然，"互联网＋"背景下的酒店应尽力改变市场的结构成分和业态体系，使自身与整个行业融合发展，提升核心竞争力。

二、酒店服务模式的转变

"互联网＋"不仅改变了酒店的市场模式，也改变了酒店的客户服务模式。随着人们生活水平的提高，顾客越来越希望酒店能在更高的程度上整合服务产品要素，并将其与网络端口进行有效对接，使自身能够随时通过移动网络平台发出服务指令，并随时接收酒店的信息反馈。酒店依托网络平台，可以与顾客进行初级的信息互动，可以对顾客的服务需求进行系统的分析，从中发现需要改进的服务策略，也可以将产品服务要素融入网络平台，为顾客提供个性化、智能化体验的服务。[①]

2019 年 6 月，碧桂园酒店集团与中国移动通信集团签署了战略合作协议，共同打造 5G 智慧酒店，以实现酒店通信及信息化服务的全面升级。顾客可以通过智能手机办理入住登记、退房手续，还能使用手机或人脸识别开锁，开门后灯光自动打开、窗帘自动拉起、音乐自动播放、空调自动调温等。依托智能化信息技术的服务能提升顾客的体验感受，提高入住率及顾客满意度，继而促进酒店的可持续发展。

三、酒店物联网的建设

物联网建设是"互联网＋"时代发展的重要趋势，也是酒店信息技术与硬件改造的重要趋势。酒店通过通信技术把各类人员、设施设备和传感器、控制器等进行有机的连接，就能实现酒店工作人员与酒店设施设备之间的联通，从而实现酒店系统的信息化和远程管理控制，以建立智能化的酒店服务与管理网络。酒店物联网可以让酒店顾客、酒店员工和酒店的设施设备实现智能对话，酒店顾客和酒店员工只需通过智能手机中的 App，就可以操控酒店中一切连网的物品。

---

① 陈岩英，谢朝武. 酒店经营管理新论［M］. 北京：中国旅游出版社，2015：2-3.

随着酒店物联网技术的进一步发展，对酒店设施设备的物联控制和管理将极大地方便酒店顾客和酒店员工。目前，我国一些五星级酒店以物联网软硬件产品（App + 智能网关 + 智能灯控器 +Zigbee 模块）为基础，整合人体红外感应、智能插座、智能开关控制面板、智能门锁、温湿度传感器、水浸探测器、烟雾报警器、PM2.5 传感器等一系列外设，实现了酒店的智能化升级，真正为顾客带来了至尊般的体验。一些酒店甚至将物联概念与康体概念进行创意结合，如利用智能马桶检测顾客健康，通过智能水龙头的面部识别技术来确定水温，淋浴房可以进行水疗、光疗活动，使用机器人给顾客送服务用品等。酒店顾客还可以将使用酒店设施设备的习惯保存起来，下一次入住时可以自动重启，真正实现酒店的个性化服务。

酒店物联网的建设不仅推动了酒店产品结构的升级，还提升了酒店的科技感、时尚感，优化了顾客的消费体验。

四、酒店管理模式的改革

互联网信息技术是一种系统工具，酒店依托信息技术平台既可以为顾客提供服务和便利，又可以改善内部管理，将前台服务系统与后台运营系统进行融合，建立智能化的酒店服务与管理平台，实现酒店的智能化发展。

信息系统是酒店的"神经中枢"，信息系统的网络化、智能化将不断改变酒店的组织结构和管理模式。传统酒店依赖人工和纸张来实现信息的上传下达，在高层管理者和一线员工间存在大量的中间管理层级。信息化的发展可以帮助酒店提高信息传送的效率，增加管理者的管理幅度。比如，部分酒店取消领班岗位，服务人员直接受部门主管的领导。有些酒店将前厅部、营销部和礼宾部进行整合，实现三岗合一，既减少了部门间信息传送的壁垒，也推动了员工岗位技能的提升。

传统酒店对员工、设施设备、物料用品等酒店资源的管理都依赖于人工方式，这不利于内部管理效率的提升。依托信息化、智能化、物联网等技术条件，酒店可以较为方便地实现人 — 人、人 — 机和人 — 物的智能连接。在传统酒店服务系统中，顾客退房、员工查房、消费统计等都需要人工处理。而在智能化酒店服务系统中，客房小酒吧、小冰箱的用品消费可以实现智能统计、自动汇总，避免了信息反复传输的麻烦。

酒店的信息化、网络化和智能化发展使之可以更好地把握内部管理的关键要素，辅助酒店人员更好地进行服务与管理决策，帮助酒店更好地进行酒店经营管理，也推动了酒店更好地服务顾客、提高服务质量。这就要求酒店管理人员通过互联网建立一个新的模式，应用新的技术和新的服务对酒店进行经营和管理，促使酒店在激烈的市场竞争中站稳脚跟。

第二章 "互联网+"背景下酒店经营的转型与变革

随着互联网的不断发展和移动互联网时代的到来，各个传统行业都迫切需要转型与变革，"互联网+"的概念也应运而生。一般来说，"互联网+"就是"互联网+各个传统行业"，但这并不意味着简单的两者相加，而是利用信息通信技术和互联网平台，让互联网与传统行业进行深度融合，创造新的发展生态。[①]"互联网+"通过其自身的优势，对传统行业进行优化升级和转型，使得传统行业能够适应当下新的发展态势，从而最终推动社会不断向前发展。酒店作为传统行业的一员，自然也在积极探索与互联网的融合发展。本章将从酒店经营的转型与变革的角度来探讨"互联网+"背景下的酒店发展。

第一节 "互联网+"背景下酒店组织的变革

当前的时代是由信息技术为主导的时代，各行各业都深受互联网的影响，酒店的发展也不例外。酒店企业在互联网时代下迎接信息技术带来的巨大挑战，在动荡又持续变化的互联网时代中保持自己的个性和竞争力，是当前所有酒店企业需要共同面对的问题。酒店想要在新时代中取得新的发展，就必须迎合时代进行变革，但变革并不是毫无方向地跟随别人的脚步，而是需要探索出符合自身发展的路径和方法。

美国战略学家迈克尔·波特强烈主张："管理者面临的挑战不是达到适应一个稳定环境的平衡，而是在不会有平衡状态的环境里保持自身的平衡。"

---

① 刘晓莹，杨诗源."互联网+"时代艺术类大学生创新创业基础教程[M].厦门：厦门大学出版社，2019：36.

酒店要在不断变化的时代浪潮中保持自身发展的节奏，就要敏锐地察觉周遭的变化，再根据这些变化对自身发展模式进行完善和升级，灵活应对各类问题，并保持自己对平衡的适应性，做到这几点，酒店也就完成了自身的"敏捷变革"。

一、酒店组织变革的目的

不管酒店设计、建造得多么精致、优美，在经过一段时期的经营后，随着酒店内外部环境出现了一定程度的改变，酒店需要开展必要的组织调整，才能使酒店朝着更好的方向转变。因而酒店的组织成立以后，并不是毫无变化的，而是处于不断的调整之中。对于酒店管理而言，酒店组织变革属于一个热门话题，也是其重要的组成部分，能否适时地进行改革，成为衡量酒店管理者管理能力的一个重要指标。导致酒店进行组织变革的因素，主要有以下四个方面。

（一）适应酒店的经营环境的变化

酒店经营环境变化是酒店组织变革的主要推动力量。现在酒店行业的竞争已经变化为酒店综合实力的竞争。对于酒店来说，其面临的竞争压力既有来自国际酒店集团的压力，又有来自国内市场变化的压力。所有的竞争者都在为适应市场的需求而不遗余力地开发新的服务项目，顾客对酒店服务质量的要求越来越高，消费者对自身保护的法律意识也越来越强，这些都会推动酒店组织的变革。

酒店经营环境之所以对酒店组织建设产生重大影响，是因为酒店经营是一个开放的系统。酒店作为开放系统，一定要从社区这一庞大的系统里购买原料并出售产品，正因为如此，酒店一定要对其组织加以有效的改良，才能使酒店得到良好的发展。

（二）适应酒店发展战略的变化

在经营过程里，酒店所实施的发展战略并非毫无变化，而是要以外界环境的情况为依据做出恰当的调整。酒店的发展战略能够在两个方面对酒店组织产生一定的影响：一方面，酒店的战略不同，其经营的业务范围也就具有一定的差异，其分工与岗位设计就会表现出显著的区别；另一方面，酒店战略重点呈现出来的变化将导致酒店资源在其组织中出现再次的划分，进而改变酒店不同部门的重要位置，相应地也就需要对酒店组织进行调整。

（三）适应酒店规模和管理形式的变化

随着酒店规模的变大，员工人数的不断增长，酒店管理的难度也会越来越大，酒店管理的内容会朝着更加复杂的方向发展，所以酒店组织必须进行调整，以适应酒店所面临的新情况。例如，小型酒店的组织结构是非常简单的，在进行酒店管理时，老板一个人就可以与酒店所有的员工直接进行沟通；如果小酒店逐渐发展壮大为大型酒店集团，那么董事长就不可能与酒店的全体员工直接进行沟通了。因此，大型酒店的管理模式与小型酒店的管理模式有着天壤之别。对于酒店集团来说，强化酒店组织的协作和横向沟通是很有必要的。总之，酒店规模在不同的阶段所采用的酒店组织模式是不一样的。酒店管理者如果不能在酒店进入新的发展阶段时及时、有效、有针对性地进行酒店组织变革，就有可能引发酒店的经营危机。

（四）适应社会技术的发展

酒店工作中的各个环节、任何经营活动，都需要采用一定的技术、技能去进行。酒店经营管理所采用的技术、技能对酒店部门的职务设置、部门划分、部门间的关系、酒店组织结构的特征等都会产生巨大的影响。例如，酒店在管理中充分运用互联网，能使酒店管理实现集权和分权的完美结合，提高酒店管理水平。

二、酒店组织变革的阻力

（一）来自酒店外部环境的阻力

来自酒店外部环境对酒店组织变革的阻力是不可忽视的，如酒店之间的人才竞争、国家相关法律对酒店裁员的限制等，都会不同程度地影响酒店的人事改革和人员配置。

（二）来自酒店组织的阻力

来自酒店组织的阻力主要是酒店长期的组织结构形成的约束、组织运行的一般规律和酒店对稳定状态的追求等。酒店里不同部门间、酒店和经营环境间都形成了不同程度的彼此依存、相互抑制的联系，由于酒店组织存在这样复杂的关系，酒店的组织变革一般无法一次性将问题彻底解决，因而酒店的组织变革按照阶段有序进行，这正是酒店每次进行组织变革只会面向个别组织部门的原因。

（三）来自酒店个体和群体方面的阻力

来自酒店个体对组织变革的阻力，主要表现为员工们的工作和行为习惯难以改变，担心改革后的就业安全和经济收入，对酒店组织变革缺乏认知。来自酒店群体对组织变革的阻力，主要有群体领袖人物与组织变革发动者之间的恩怨、摩擦、利益冲突，以及酒店组织利益相关群体对改革有可能不能实现该团体最佳利益的顾虑等。

三、酒店组织互联网化转型的策略

（一）发挥酒店作为传统企业的优势

通常情况下，传统类企业一旦开启互联网化的变革，其竞争优势必然大于互联网新兴企业，这是因为传统企业本身就具有一定优势。酒店企业作为传统企业，其互联网化转型应当充分发挥自身的特有优势。

当酒店全面了解互联网知识、充分把握互联网创业的技巧之后，便能够建立起充分的自信，以丰富的传统资源为基础，实现完美的蜕变。互联网并不是所向披靡的武器，当其转变为寻常的工具以后，领先便不是绝对的优势。

更加关键的是，酒店内部也能够借助内部创业等多样化的形式，得到更加多元的发展，开展充分的创造与研究。这时，企业只要打造出优良的模式，便能够将丰富的资源聚集起来完成蜕变。酒店一定要拥有系统完备的创造机构，该机构的容错机制必须十分卓越，拥有源于高层领导的直接性指挥与独特精准的考核机制，同时具备更核心的目标与宽广的胸怀。

（二）选择复合型的领导者

传统企业要想较好地实现互联网化，就离不开复合型人才的充分支持。相较于纯互联网人士对传统企业施展一定的改造优化，传统企业员工完成这样的转型显得更加便捷。

酒店应储备与引入多样化的互联网人才。这样的人才应当具有相互补充的能力，同时能承担具有一定交叉性的岗位职能，构建起良好的创业模式，即使面向新的业务，也能够很快适应。要想对酒店的互联网化的转型拥有充分的把握，对互联网化变革进行独特而深入的思索，该领导团队成员一定要呈现出多样化发展的特点，具体要求如下。

1. 领导者要了解整体互联网化的创新方法

酒店互联网化的领导者应该具有整体互联网化的创新方法，而不是局限于做出的产品具有移动互联网的特性和功能，也不应限于将使用移动互联网作为一种营销的方法和手段。更重要的是，他们应当拥有关于市场认知、思维重构、分销渠道、财务领域甚至整个组织的互联网化创新方法。

2. 领导者应当具有良好的创新、创业能力

实现酒店互联网化的领导者并非中规中矩的管理人员，而是创新、创业能力突出的人士。这种类型的领导者不仅非常全面地把握了传统企业存在的局限性，同时可以根据互联网的发展态势，探索出两者间的界限。这样的领导者不仅可以发挥管理与创新的作用，也能够在两者的矛盾中探索出平衡之处。实现酒店互联网化的领导者可以非常清晰地发现引发市场需求改变的动力，探索出两者可以合理结合之处，进而对企业各个层面的发展战略再次进行定位。

3. 领导者要具备对抗传统势力的能力

如果酒店希望较好地实现互联网化，领导者一定要拥有较好的对抗传统势力的能力，这样的能力具体体现在以下几个方面。

①具备充分的能力应对组织内部关于变革的反对力量；

②可以较好地协调与配置酒店内部和外部丰富的资源，促使更多打破边界的交叉性职能的形成；

③可以得到酒店大部分管理层的认同与支持；

④可以与那些热衷于稳定、希望保持原状的人员做出合理有效的沟通与调解。

4. 领导者要会运用新的激励机制

如果希望充分实现酒店的互联网化，领导者一定要建立起新的激励机制，并予以合理的运用。互联网化的人才与传统企业人才表现出显著的差异，他们更加热衷于自我的突破与实现，以期获得更加广阔的发展空间。传统的激励机制在面临这样的发展背景时可能无法取得良好的效果，因而领导者应当通过新的激励机制的建立与运用，激发员工的积极性与创造性。

总而言之，移动互联网时代与之前的工业革命时期的发展情况是完全不同的。在工业革命阶段，企业需要具有优良决策能力与执行能力的领导者，而在移

动互联网时代，企业对领导者的创新精神与创业能力更为注重。

（三）获得高层领导的全力支持

酒店要实现互联网化转型，高层领导的全力支持是不可或缺的。如果缺乏高层领导的支持，所有的转型都只是纸上谈兵，不能正确地贯彻落实到位。

虽然互联网化转型并不需要领导者关注所有的细节，但它是一个自下而上的过程，由于互联网化创新并非依照酒店管理的传统理念开展，若是没有高层领导的充分支持，酒店的改革就很难取得良好的效果。

1. 支持体现在创新态度上

创新态度属于高层领导支持的重要体现，酒店的高层领导应当明确变革部门的管理负责人员、负责薪酬的人员与清除实施阻碍的人员等。

2. 支持体现在学习行动上

这种支持主要体现在酒店的高层领导应当投入充分的时间与心血进行深入地学习，拓展自身的知识，全面掌握互联网变革的方法与技巧，紧跟时代发展的趋势。

3. 支持体现在思维模式与工作方式的转变上

这种支持体现在高层领导要打破传统思维模式与工作方法的束缚，进行适当的改变，保证酒店在互联网化变革过程里可以得到充分的资源，不被传统业务占据过多的市场份额，在此过程中，也应当始终坚持变革工作的推进。

（四）构建团结一致的变革同盟

对于大部分企业员工来说，他们更倾向于稳定，他们担心互联网化变革会对现有的组织架构产生影响，对其已有的地位与利益造成威胁。这也就是说，变革并非他们的追求。

若是互联网变革的速度能够和开拓同盟的速度保持一致，那么也许变革可以取得一定的成就，然而不懂变通的势力必然会阻碍变革的推进。因此，酒店改革不只需要获得高层领导的充分支持，还应当在企业内部构建起团结一致的变革同盟。同盟团队不但应当承担起引领互联网化变革的责任，还应当成为深入研究方法与理论的优秀人员。

在同盟团队里，不管上下级关系如何，彼此间都应当相互尊重，保证信息的交流呈网状传达，在第一时间提出有效的建议，并促进建议转化为实际应用。变革同盟人员的身份较为多样，但只要对这一变革表示支持，便能够成功加入进来。加入该团队中，他们可以非常深刻地了解互联网变革的作用，意识到互联网背景下酒店面临的挑战，同时可以深刻地感受酒店互联网化的发展机遇。他们充满热情，具有强烈的责任意识，可以不断提出自己的见解，并采用各种举措使自身的想法转化为现实。然而他们的职位不同，若是具有足够的能力使其组成一个优秀的志愿者团队，借助网状的工作社群，引导其积极参与到互联网化变革里，通过新的制度与流程予以指引，刺激其产生强烈的热情与突出的领导力，他们就会转变为酒店互联网化变革的引领者。

（五）构建并行的网络状双运营系统

任何一个企业取得一定的地位与成就都不是一蹴而就的。酒店的管理者应当在创业阶段灵活多变，善于发现并利用机会，快速地完成进攻。在互联网时代，传统企业希望可以自信地面对激烈的挑战，然而在长期发展过程中积累形成的组织结构、管理流程，反倒阻碍了发展的推进。这导致了下列问题的形成：若是不积极主动地接触互联网，开拓互联网项目，也许最终会导致其走向穷途末路；若是放弃已经形成的阵地，便意味着放弃了企业长期以来的经营；若是根据移动互联网的规则开展彻底的变革，便可能和如今的管理体系相矛盾；若是始终秉承着现有的组织结构与文化理念，就可能会丧失良好的发展机遇。所以，为了解决这样的问题，应当构建起第二套经营体系——互联网化经营体系。这套体系就像"谷歌+沃尔玛"的组合。谷歌强调的是自身的敏捷性，希望能够在短期内提升自己适应环境变化的能力，希望可以抓住新的发展机遇打造出富有创意的产品；沃尔玛崇尚极好的效果，竭尽所能地提升效率、缩减成本，在产业结构里具备最显著的竞争实力。在相同时间内运行两套经营体系，可以使新系统打破原本的制度与运营流程的束缚。组建区别于原来的系统以外的互联网体系，用于创建和实施传统企业互联网化策略。通过灵活多变的网状结构和与众不同的经营流程，使第二套经营与互联网化变革的要求更加吻合，相较于现有系统，显得更加灵敏、快速和更富有创造性。

这套体系和原来的体系相比具有非常清晰、细致的分工，原来的体系更加关注不断推进的创新，确保现有的经营业绩的实现与平稳发展，而新体系强调互联网化的创造性革新。这套体系可以凭借着不断的运行、试错和固化，在无形之间始终坚持传统组织结构的改善，直至全部的组织都完成互联网化。

不管是管理的推进，还是互联网化的变革，都存在着问题导向与框架导向这两个方面。其中问题导向是将实际的问题作为着手点，它判断的根据在于问题是否获得了有效解决；框架导向将框架构建作为着手点，判断的根据在于体系是否完整合理。传统企业互联网化的初始时期，高层至基层的各个岗位都存在着大量的问题。将问题作为导向的变革强调有效解决问题，改革能够改变的事物，对于无法改变的事物则采取适应策略。

事实上，构建这样的双系统并不具有较大的难度，在任何时候都能够由一个微小的点开始实施，使互联网化的效果获得细致、全面的呈现，即便是微信公众号的构建，也能够使酒店全部的员工认知并予以关注，将其作为载体完成升级。

（六）构建不断进化的管理机制

由于互联网的存在，人类能够建立起更加紧密的联系，彼此之间相互影响，使传统社会组织呈现出多元化、碎片化的发展态势。在这样的背景下，企业的组织方法与商业模式也呈现出较为鲜明的变化。

这种较为鲜明的不明确性造成了整个经济环境的改变，酒店企业是否可以较好地适应这种环境的变化，显得十分重要。

酒店企业应当构建一个灵活的组织架构与机制，应当拥有鲜明的敏捷性与优良的适应力；需要拥有高度的授权与自我决策的能力；需要打造出创新体系，对世界范围内的资源进行有效的借鉴和吸收；需要构建完善、合理的考核机制，使所有员工都能够进行适当的创新。构建酒店管理机制这项工作十分关键，这是由于互联网化转型是十分艰巨的任务，不但会消耗很多时间、精力与利益等，而且若是稍不注意，就会在新旧更替的过程里出现错误，从而在很大程度上影响企业整体的经营。

第二节 "互联网+"背景下酒店模式的变革

一、酒店模式的新认识

"互联网+"时代的到来改变了人们以往的交流模式，从前人们只能通过面对面或打电话进行交流，但随着互联网时代出现的各类社交媒体的蓬勃发展，人们可以随时随地进行交流与互动。

随着传统的交流模式被打破，人们获取信息和传播信息的速度不断加快，用户流量在不知不觉中产生。用户流量能够给商家带来巨大利润，故当前用户流量正在成为各大商家争夺的热点。各大商家都在改变以往的经营模式，以用户为中心的商业经营模式已成为当前主要的经营模式。

尽管互联网的发展使得各传统行业在经营效率上有了巨大提升，但也给它们带来了危机。如何在互联网的巨大浪潮中坚守自己的本心，并借助互联网的优势将自身发扬光大，是当前各个酒店首先面临并亟待解决的问题。

（一）酒店行业应当怎样回归商业的本质

商业的本质是围绕用户进行展开的，为用户创造价值便是商业的本质。为用户创造价值包含两个方面的内容，即价值的创造和价值的传承。若是只将价值创造出来而不对其进行传递，则对商业发展的作用也是微乎其微的。

价值的传递在新时代拥有了新的内涵，这在酒店行业中可以很明显地被发现，直接上门订房的客户或是协议客户相比之前都有了大幅度的减少，取而代之的是更多的用户利用手机端或是互联网客户端来订房。这一现象的转变为酒店行业的经营提供了新的思路，传统单一的订房渠道已不能适应当前社会的发展，因此酒店必须通过建立自己酒店的会员体系，开发属于自己酒店的 App，以及设置微信订房等直销渠道等，从而更好地适应当前客户的需求，吸引客户的目光。

价值的创造与传递并不是前后步骤的关系，而是可以同时进行、同时实现的。价值创造的过程也可以是价值传递的过程，这一过程的实现正是当前各个行业努力追求的目标，具体体现为对"去中介化"的追求。

酒店行业内的各个实体酒店是价值创造的承载者，实体酒店在互联网时代有了更多的可能性，它能够借助互联网实现价值传递，并且通过对自身优势的发挥，与用户实现实时互动，从而树立良好的形象。

（二）了解"互联网＋"还是"＋互联网"

"互联网＋"与"＋互联网"似乎没有太大区别，但在实践中有很大的区别："互联网＋"后一般跟的是平台，而"＋互联网"前一般跟的是产品。因此，酒店从业者在对酒店进行升级发展的过程中，要慎重选择"互联网＋"或"＋互联网"。

平台是用户了解酒店最直接的方式，所以，搭建一个平台需要事先对酒店有一个全面的了解，包括酒店自身的特征和酒店所拥有的互联网资源等。只有这样，才能完成平台用户的积累、爆发、平稳这三个阶段的顺利过渡。

产品与服务是实体酒店的核心，没有优质的产品和舒适的服务，实体酒店便难以生存。在互联网时代，线下实体酒店更需要全面完善和升级酒店的产品和服务，以满足消费者的需求，给予消费者一个好的入住体验。

只有线上和线下实现了完美结合，实体酒店才能在同类市场中脱颖而出。

（三）"互联网"时代下酒店的处理方法

1. 用互联网改造酒店，提升用户价值

个性、体验和功能是用户价值的重要体现。酒店管理者想要提升用户价值，就要牢牢抓住"互联网＋"这个机遇，使酒店发展转向网络化、智能化、服务化，形成新的产业生态系统。

在功能价值方面，酒店想要占据优势，就要在性价比上下功夫，而性价比的核心支撑是成本优势。因此，如果酒店在运营中将成本压缩到极致，那么它将会拥有足够的话语权。

这种行业局面下，仅靠成本及性价比取胜几乎很难实现。此时，酒店应该从个性价值及体验价值上入手。其中，个性价值具有一定的独特性，可以增强用户对酒店的忠诚度；体验价值则能保证酒店对产品价格制订的主动权。

移动互联网技术在酒店行业的应用过程中，在做好产品和服务的信息化以及实现与用户的即时互动之余，酒店的管理者更应该思考的是如何打造富有个性的用户体验。

要做到这一点，酒店管理者需要从以下两个方面着手。

①个性化。传统的酒店行业除了在酒店星级方面具有区分度外，没有其他明显的个性特征。因此，互联网时代酒店经营者要在产品及服务上进行创新，形成多元化和差异化的产品及服务，消除过往"单品海量"的弊端，走出一条精耕细作、个性鲜明的发展之路。

②年轻化。在新时期，消费结构在不断地向年轻化群体发展。大数据分析和云计算技术可以让酒店经营者对用户的需求行为、兴趣偏好等进行科学的预测，为用户提供高质量的体验。

2. 选择高效工具，提升酒店价值

在移动互联网的浪潮之下，用户对于酒店的产品及服务的消费行为发生了巨大的改变。许多客户都会通过在线订购的方式购买酒店的产品和服务。

部分酒店管理人员对于这一发展趋势还没有清醒的认识，如有些酒店的管理

人员将某款产品直接大幅度降价放到网上让消费者团购，认为团购不过是消费者贪图便宜。其实隐藏在团购背后的是用户消费习惯的巨大改变，仅以传统的思维方式从价格角度去看待团购行为是不可取的，市场充分地证明了价格是一把双刃剑。

价值的传递过程往往通过"信息流+资金流+物流"的流转而实现，但是酒店的主要产品是不可移动的。因此，资金流与信息流，尤其是信息流值得酒店从业者花费大量的精力去精耕细作。

酒店从业者应该避免陷入在酒店的互联网化过程中向互联网公司偏离的误区，事实上价值传递的传播与交易环节才是酒店从业人员应该关注的重点。

在传播过程中，酒店营销的品牌传播与推广要围绕着社交媒体展开。在移动互联网时代，对用户时间的争夺是竞争的重点，微信、微博等社交平台可以让企业创建公众账号，向粉丝传播企业的价值与文化，具体方式如下：

①交易过程中酒店可以借助互联网工具提升效率，增进酒店与用户的感情；

②通过"直销+半直销+分销"的综合销售体系逐渐向"去中介化"直销模式转变，实现营销效率的全面提升。直销、半直销、分销在酒店行业中的应用典型如表2-1所示。

表2-1 直销、半直销、分销在酒店行业中的应用典型

类别	应用典型
直销	酒店的官方网站、会员体系、全员营销等
半直销	微信公众平台、微博的公众平台、天猫旗舰店等
分销	携程旅行网、艺龙旅行网等

在"互联网+"背景下，网络分销的作用越来越强，它不仅可以为酒店带来更多的客户，还能替酒店解决一些售后服务的问题，甚至具有一定的品牌推广功能。因此，一些大型的分销平台成为酒店营销计划的首选。但是，分销又成为酒店的痛点，酒店在获得微薄利润的情况下还要向OTA（在线旅行社）分出一部分利润。

如今，酒店供大于求、产品单一同质化的问题较为严重，酒店的经营要回归到理性，减少过剩规模，注重产品及服务的质量以及个性化建设。对于OTA来说，酒店应该是创造价值的合作伙伴，如果作为用户价值创造者的酒店陷入困境，那么传递价值的OTA也必定蒙受损失。

3. 提升酒店服务品质

当今时代，互联网使传统行业信息不对等的问题得到很大的改观，互联网的即时传播性可以使商家与用户实现无缝对接。互联网上高速流通着海量的信息，消费者拥有更多的知情权与话语权，朋友圈里的推荐也有可能会成为他们购物时的参考依据。

以前，人们选择餐馆时会看哪一家的人多，这是典型的从原生态角度看待用户"流量"。后来，品牌成为人们选择的依据，面对各式各样的餐馆，人们更倾向于相信品牌。而在互联网时代下，人们拿出手机进行搜索，在大众点评、美团、淘宝上翻看用户评论等，品牌的影响力逐渐减弱。

移动互联网时代，连锁品牌酒店的建立比以往任何时候都更有难度，面对来自多方的竞争压力，酒店的产品和服务才是酒店赖以生存的关键。移动互联网时代下品牌的品质尤为重要，在品牌的众多要素中居于核心地位，缺乏品质支撑的品牌在用户评论构筑的社会化网络之中必将会被淘汰。

4. 正确处理速度与质量之间的问题

移动互联网时代，"跨界"与"转型"成为两大热点。酒店要跨界，首先应厘清边界在哪里，而转型的过程是要实现轻资产运营，具体来说就是品牌的输出。

酒店业的品牌输出要协调好质量与速度之间的关系，特别是对于"贴牌"的品牌输出方式，必须保证品牌的扩张速度和单个产品的质量得到统一。品牌的输出不是只建立在标准和体系之上，更为重要的是要有一种文化价值理念的具体表达。

当然，这种文化价值理念的形成要靠长期的培养。如果品质出现问题，互联网上的负面评论就可以在几分钟内让一家酒店直接崩溃。互联网时代是一个拼效率、赶速度的时代，但是发展的速度与规模的扩张也必须在保障品质的前提之下进行。关于酒店之间的差距，表面上是速度与规模的差距，而事实上，这种差距源于酒店处理速度与品质的综合实力。

二、"互联网＋"模式下酒店的创新生存法则

随着我国经济发展水平的不断提高，人们的可支配收入也不断增加，旅游业的发展越来越好。酒店是人们在旅游中的必需品，酒店预订量必然也随着旅游业的不断发展而增加。

相关调查研究表明，在酒店官网成功预订的客户中，有62%的客户是通过

OTA（Online Travel Agency，中文译为"在线旅行社"）网站来预订的。[①]OTA 平台对于酒店的意义不言而喻，但 OTA 平台的火爆使得多数酒店对其依赖性逐渐增强，酒店不仅逐渐失去了独立发展的能力和勇气，而且在利润分配方面也失去了话语权。

有很多人看到 OTA 是个风口，于是开始效仿携程等 OTA，但是由于没有自己创新的模式，作为一个后来者也就很难超越携程。对于酒店而言，面对 OTA 对其利润的压榨，很多酒店都纷纷尝试自建直销系统，但是效果并不理想，而且成本也比较高，于是在万般无奈之下只有继续依靠 OTA。

在互联网思维模式下，酒店业怎样实现创新生存，是每一位酒店经营管理者都必须要考虑的问题。

此处将从线下、线上两个方面进行具体分析，帮助酒店寻找新的出路。

（一）线上营销

1. 线上传播营销

携程之所以能成为 OTA 中的领军力量，关键就在于做好了与客人的沟通。至今没有任何一种新的渠道模式能够相媲美携程，其原因就在于携程已经在线上分享、预订和支付等方面做到了最好，并逐渐将业务延伸到了线下，将酒店的前沿服务、后续服务和旅游景区都连接到了平台上。

携程已经围绕线上渠道搭建了生态圈，而且在线上传播与分享方面也通过先进的互联网通信技术形成了自己的竞争优势。因此，酒店如果不能做好资源整合，构建自己的生态系统，最终定将沦为渠道商的供应端。

也有一些专业的点评网站在分享方面做得很好，但由于没有相对完善的线上体验生态系统，消费者在线上分享之后并不能体验到相关的服务。有很多酒店从中受到了启发，开始自建小型的生态圈，包括车队、商场、健身、餐饮等业务，这种线下体验也受到了客户的欢迎。然而从现在来看，线下体验成了供应商的工作，酒店仅仅是线上渠道的供应端。

因此，酒店应该建立自己特色化的营销模式，如微信上的"圈子"分享模式，如果在分享之后能够直接进入支付和预订环节，那么"圈子"的营销能力将为酒店带来大量的客户，同时也将分食渠道的利润。

---

① 李勇. 互联网＋酒店：传统酒店的战略转型、营销变革与管理重构 [M]. 北京：人民邮电出版社，2016：11.

2. 运用微信与顾客进行"一对一"沟通

微信的出现给人们带来的最大变化就是提供了一种新的沟通方式，拉近了品牌与消费者之间的距离，让消费者可以更快地做出消费决策。

现在很多酒店在营销方面都脱离了营销的本质——沟通，它们将目光放在了渠道销售模式上，在这种模式下，与消费者建立联系的是渠道商，建立信任体系的也是渠道商，这就使得酒店与消费者之间的距离越来越远了。因此，酒店要做好营销首要任务就是与消费者建立直接的沟通。

3. 进行粉丝营销

粉丝的力量对酒店营销来说具有重要的作用，通过他们的分享和传播，酒店的品牌形象可以很好地树立起来。要让粉丝主动去分享和推广，理解人性这一点最重要。酒店可以利用微信的私密性特点，鼓励和引导用户在个人的朋友圈里进行分享。

（二）线下体验

1. 提升酒店产品与服务的质量

在传统的思维模式下，不管是生产、销售，还是传播，都贴有"大规模"的标签，这是工业思维下的一种标准的思维模式。而互联网的发展将人们带入了一个新时代，人们的思维方式也应该从传统的思维转变为互联网思维。

经济的腾飞带来了文化和人文素养的提升，酒店预订不再是精英人物的专利，而是朝着平民化的方向逐渐普及，酒店的客户群体获得了最大限度的扩张。互联网思维下的"创意酒店"成为酒店行业的一种主流趋势。就目前而言，标准化的酒店虽然能够满足客户基本的住宿需求，但随着人们对个性化的要求日益提升，人们在选择酒店的时候除了考虑其基本的住宿功能之外，还会更多地考虑酒店的建筑和装修特色、服务水平、员工的素养等。因此，酒店应该从目标市场出发，走近客户，了解他们的需求和偏好，提供高度个性化的酒店服务。

2. 以客户需求为中心，构建组织结构

在传统的金字塔式管理架构中，庞大、繁杂的组织架构大大降低了酒店的工作效率，因此在互联网思维模式下，酒店需要简化组织管理结构，通过建立强大的市场研究和产品研发能力，形成自己的竞争优势。随着市场的日趋成熟，与其他行业一样，产品应该根据不同的消费者进行明确的定位和分界。总之，在"互

联网+"的时代下,酒店想要利用传统思维模式去经营,则不可能成为酒店行业的佼佼者。

3. 依据市场需求来生产与建立酒店品牌

国内酒店的产品经常受人诟病,其原因是多方面的。其中一点就是"农民制造"的问题。最初酒店模仿和学习的是欧美的标准化生产,这种生产方式虽然鲜有本地特色,但产品的品质能够得到保证。但随着国内市场环境的影响,房产和酒店行业出现了爆发式增长,出现了一大批"农民制造"的酒店。所谓的"农民制造",就是酒店经营者花重金请设计师来设计,却用低成本来建设,没有专业人员来监督产品品质和工艺,而是由工程人员想方设法降低成本,采用低廉的装修材料来控制和压缩成本,于是造就了一批外表光鲜亮丽,但品质低劣的"建筑垃圾"。

4. 提供优质服务

所谓服务的极致,就是为消费者提供能够超过他们预期的服务,让他们在享受满意服务的同时获得惊喜,从而增加客户对酒店品牌的黏性。采取积极的引导,鼓励消费者去分享自己的服务体验,可以为酒店吸引更多的潜在客户。在明确了发展方向和定位之后,酒店就要将其做到极致,将思想转化为实实在在的服务。

三、"互联网+"背景下酒店业的渠道转型与营销模式变革

(一)"互联网+"背景下的酒店 OTA 模式

现在,激烈的 OTA 价格战争霸的 1.0 时代已经一去不复返,随之而来的是以大数据为代表的 2.0 时代之战。面对 OTA 的这般转变,各酒店应如何在未来稳步前进,以下是可供参考的几条建议。

1. 推出差异化的产品和服务

（1）精准定位酒店消费群体

随着人们生活水平的提高,消费者的品位和爱好也会逐渐变得多样化,所以未来的酒店产品应朝着细节化、品位化的方向发展,以尽量满足不同消费者的需求。换言之,酒店管理者要从多种渠道去"打探"消费者的习惯、爱好,总结出一定的规律,并为其"量身打造"个性化的产品和服务。

（2）打造特色服务

在精准定位消费群体之后,酒店要针对消费群体的需求,结合自身的优势,

打造酒店特色服务，这样才能实现经济效益和社会效益的双丰收。当然，这里的消费群体需求是指他们的核心需求，即多数人心中最想要的服务。

2. 合理运用 OTA 渠道

近年来 OTA 盛行，人们对其依赖度越来越强，市场前景极好。因此，各酒店纷纷入驻 OTA 平台，利用它为自己进行营销推广，以此吸引客户。在 OTA 平台上，其产品价格也被明明白白地摆在消费者面前。在与 OTA 分销合作时，酒店要充分考虑分销渠道提成、直销渠道与分销渠道的价格关系、产品差异等问题，并进行合理布局。另外，酒店要提高服务质量，不能厚此薄彼，提升品牌信誉，这样才能争取到更多回头客。

OTA 平台也在激烈的竞争中不断改变，这种改变势必会带来价格的更加透明化和竞争，也容易损害酒店的利益。因此，OTA 与酒店必须协调好彼此的关系，在保证酒店利益的基础上合理调配线下资源，以实现酒店和 OTA 的共同繁荣。

3. 运用互联网工具，定制管家服务

在互联网时代下，酒店要充分利用网络资源，将自身独特的产品和服务推广出去，扩大营销范围，提高知名度。

面对"互联网＋"时代的到来，一些酒店盲目跟风，导致产品和服务千篇一律。然而，这样的酒店在当今社会毫无竞争力。因此，如何建立品牌影响力应该是各大酒店主要考虑的问题。除了提供个性化的产品外，酒店还可以为客户提供定制管家服务。定制管家服务就是从消费者成为酒店的客户开始，酒店工作人员就要与客户保持联系，并为之提供相应的服务。例如，一位工作繁忙的商旅客人在网上预订了包含接机服务的酒店。待他下机后，这家酒店的工作人员就会在机场接待他，并将他送至酒店。接下来，酒店会根据这位客人的需求为其准备餐食、清洗衣物，甚至还可以帮客人采购物品等。这样，客人就可以不用担心琐碎的事情，安心地办理自己的重要事务。

（二）"互联网＋"背景下的酒店 OTA 模式的营销战略

1. 抓住时机，向消费者展示产品

在服务领域，消费者随时都可能改变需求，所以酒店要抓住时机，在消费者还未预订酒店时，就第一时间向其展示自身产品的优势和服务特点，以增加预订机会。

2.CPC 竞价模式

OTA 推广预算及结果需要更加透明化，才能使酒店更清晰地了解和更准确地分析营销活动的效果，从而合理地调整战略。基于此，CPC（Cost Per Click，每次点击成本）竞价模式产生。CPC 的优势在于它是以点击量为收费标准的，即消费者需要点击进入酒店的产品介绍，平台才会收取费用，这是许多酒店管理者选择这种营销模式的主要原因之一。另外，CPC 自设投放时间、价格、形式的功能使酒店管理者能够更加合理地编制预算，从而获得了酒店管理者的一致认可。

3. 根据需求日期制定特订的策略

酒店行业存在淡旺季差异，所以酒店管理者应根据日期来制订营销策略。例如，7 月是某个酒店入住率最高的月份，当月的客房几乎没有空余。因此，酒店可以将 7 月的营销预算分配到有库存的月份。这样既不会浪费资源，也可以在淡季为酒店赢得较高的利润。

四、"互联网＋"背景下酒店在线预订模式的转变

在"互联网＋"模式下，各酒店纷纷加入在线销售的行列，酒店在线预订模式给人们快节奏的生活带来了便利。现如今，面对诸如携程、同程艺龙以及酒店直销平台等各类在线销售渠道，酒店管理者要从实际出发，根据酒店的特色选择合适的渠道。部分酒店管理者认为，只要网罗大多数渠道就能获得全部客户，其实这种想法是不切实际的，因为在线渠道众多，它们有各自特定的用户群体。酒店应合理地规划广告投放，尽量寻找与自己客户群体相一致的渠道进行推广，从而获得精准的客户。由于客户群体需求的提升，客户在选定一家酒店之前往往会咨询各种问题，此时酒店若无人回应，客户一般会选择放弃。因此，酒店还要建立完善的销售 — 服务模式。

（一）关注大平台

从销售范围来讲，酒店想要吸引更多客户就要拓宽销售渠道，尤其是加入那些流行的预订平台，如携程、去哪儿、飞猪、美团、同程艺龙等。这些主流平台拥有丰富的客户资源，可以帮助大型酒店提升销量，也能为之增加人气。目前，入驻这些平台的大型酒店颇多，所以中小型酒店在其中的竞争力显得较为薄弱。由于中小型酒店的经济能力有限，他们只能依赖这些在线渠道进行销售。并且，

消费者对大平台的青睐使他们对平台上的酒店增加了信任度。因此，大平台是值得各类酒店关注的。

实践证明，即便酒店有直销在线渠道，也会入驻大平台。这是因为酒店本身的影响力不及这些大平台，且多渠道可以带来更多客源，从而获得更多利润。

（二）合理选择移动应用

大型在线预订平台是酒店的必然选择，但并不是每个大型在线预订平台都适合每个酒店，因此酒店选择适合自己的平台是非常重要的。在移动互联网时代，各种旅行及酒店预订移动应用层出不穷，酒店应根据自身特点，选择与自己定位相似的移动应用。

大平台拥有众多的酒店商家，很难针对某一家酒店做推广，而酒店在特定的平台上会更容易获得推广资源，因为用户群的重合度相对较高，因此会收到很好的效果。

1. 商务型酒店的选择

一般来说，乘坐飞机的客户群体经济条件较好，他们到达目的地后选择商务型酒店的概率更大。因此，商务酒店在进行推广时，可以和机票订购、飞机时刻等移动应用合作。另外，商务酒店的目标客户一般是商务人士，所以应重点向客户推荐酒店有关商务的特色功能，如高档会议室、会客厅、休息室等。

商务酒店的客户做事都是雷厉风行的，他们通常会在出发前就订好房间，所以酒店要利用互联网提前将自己的产品展示给客户。只有让客户及时、快捷地了解到酒店的特色，才能让酒店信息受到他们的关注，并定下酒店。值得注意的是，与价格相比，这类客户更注重品质，所以商务酒店最好选择口碑好、信誉好的平台进行合作。

2. 经济型连锁酒店的选择

目前，大多数群体都会选择经济型连锁酒店，因为这种酒店数量多、价格适中、服务良好。由于数量多，其竞争必然激烈，所以经济型连锁酒店在宣传时应尽可能多地选择各类酒店预订平台。需要注意的是，酒店在开放库存时要充分考虑不同平台的销售量，以免造成一些平台库存不足、一些平台库存紧缺的情况。实际上，很多酒店的预订类应用面向的正是这类酒店，如酒店达人、快捷酒店管家、今夜酒店特价等。

经济型连锁酒店的客户一般是临时决定或因某些特殊情况（如车辆晚点、考试、照顾病人等）才选择酒店住宿的。因此，酒店所在的位置会是客户首先考虑的问题。另外，这类酒店的客户对价格的要求大于对服务的要求，所以酒店可以选择特价类平台进行合作。在定价方面，可以根据平台的知名度和客户量给出不同的价格。并且，大部分经济型连锁酒店都制定了线上直销平台的价格策略，其价格与在其他平台的价格也有所不同，如汉庭、格林豪泰、莫泰168等。

3. 休闲类酒店的选择

休闲类酒店的目标客户一般是旅行度假的人群，所以应选择旅游类网站进行推广，如国内有名的旅行度假类酒店预订平台——布拉旅行。这类酒店客户的主要目的是休闲旅行，所以他们会更在意酒店的环境、舒适度及评价等方面。对这一点，酒店应根据用户的这些要求选择风格优雅、浪漫、好评率高的平台。

休闲类酒店的目标客户一般以游玩为主，所以周边游移动应用平台也是其非常不错的推广途径，如懒人周末、哪好玩、百度旅游等。这样不仅可以增加酒店产品的销量，还可以提高酒店品牌的知名度。

第三节　"互联网＋"背景下酒店的 O2O 转型

随着移动互联网的蓬勃发展，酒店基于 LBS（Location Based Services）的即时服务和住中服务已经得到实现，而且迎来了真正意义上的酒店 O2O 时代。此处运用几家酒店的经典案例，解释"互联网＋"背景下的酒店 O2O 转型。

一、酒店团购

酒店团购是"互联网＋"时代下的酒店 O2O 的一种新连接方式。相比于以往的在线预订平台，酒店团购有其自身的发展优势，也将成为酒店 O2O 的一种重要发展模式。

酒店 O2O 的市场主体是客户和酒店。因此，酒店团购的优势也主要表现在客户的消费体验和酒店的市场效益两方面。

物美价廉是消费者始终追求的消费体验。相对于在线预订模式，团购以其"薄利多销"的规模效益，为消费者提供了更为低价优质的住宿服务，更容易获得消费者的青睐。

对酒店而言，有入住率才会有效益，而美团、百度糯米、大众点评等团购平台，都有数目庞大的移动流量，其连接入口也十分简单便捷。因此，通过与这些团购网站的合作，酒店能够获得大量的潜在客户，进而提升品牌的知名度。

一方面，酒店团购可以通过价格优势，提高酒店在淡季的入住率，实现效益的增长；另一方面，酒店也可以凭借优质的服务体验，将团购网站的用户培养成自己的忠实客户。

团购网站是依靠订单获益的，因此，它们必然会极力提升合作酒店的知名度，以实现酒店和自身的双赢，酒店则可以借此节约宣传成本，将更多的资金和精力用于服务产品的改善上。借助手机等移动智能终端的实时定位功能，团购网络可以使消费者随时获取附近的酒店团购信息，从而刺激消费者的住宿消费行为。

二、连锁酒店转型 O2O

规模日益增长的 O2O 领域促使网购网站和网络旅游平台为争夺占有市场份额展开了激烈的竞争，而像 7 天、速 8、丽枫酒店等传统的线下连锁酒店也不甘示弱，纷纷在网站上推出酒店在线预订项目，力求在不断拓展的 O2O 领域占据一席之地。

（一）连锁酒店布局酒店 O2O 的优势

相对于团购网站和在线旅游平台，连锁酒店也有其独特的发展优势，具体如下。

1. 大量忠实的用户

连锁酒店一般都有着众多的会员，这将成为它们在互联网化转型后坚实的流量基础。

2. 突出的品牌优势

毋庸置疑，连锁酒店通过长期的优质化服务，树立了较高的品牌知名度和美誉度，更容易在线上平台得到消费者的认可。

3. 线上线下的整合优势

连锁酒店本身就具有优质的线下酒店服务经验，并且在长期线下经营中积累了丰富的客户资源，一旦与线上平台做好连接，不仅能够高效整合线上线下的资源，还能够扩大销售范围，推广自身品牌，让消费者及时地获取酒店服务信息。

4.直接有效的用户沟通

连锁酒店可以通过微信、QQ、微博等社交平台，挖掘和发展更多的潜在客户，通过这种方式，连锁酒店可以与用户进行更直接的交流沟通，为消费者提供更贴心、更周全的住宿计划，保证消费者享受更个性、更优质的住宿服务。

（二）连锁酒店发展酒店 O2O 的劣势

连锁酒店开拓在线酒店预订市场，有着较大的品牌和客户优势。不过，作为传统的实体服务门店，连锁酒店终究难以对携程、艺龙等专业化的在线平台造成威胁。具体而言，连锁酒店主要面临着以下困境。

1.选择单一，对消费者吸引力低

酒店 O2O 模式作为一种平台，将各种可能的资源有效连接整合起来，以满足消费者多元化、个性化的需求。然而，对连锁酒店来说，其构建的 O2O 平台不可能帮助其他酒店进行推广，这导致了选择的单一化，因此也无法吸引更多的消费者。

2.影响力低，影响线下运营

连锁酒店以线下实体服务为主，因此在线上平台的打造方面难以与携程、美团等专业化的线上平台相媲美。同时，线上平台的打造需要大量的人力和资源成本，这必定会对连锁酒店的线下运营造成一定影响。

3.可能失去酒店 O2O 市场红利

连锁酒店缺乏线上运营经验，需要长时间的探索才能完成线上和线下的资源整合，这就可能使其失去酒店 O2O 的初期市场红利。

三、酒店 O2O 模式的市场布局表现特征

总体而言，当前酒店 O2O 模式的市场布局表现为以下特征。

第一，虽然当前国内有雄厚资金支持的线上平台并不多，但是作为消费者较为敏感的因素，价格战依然会成为 O2O 模式主要的竞争手段。

第二，携程、艺龙等在线旅游平台，依然在酒店 O2O 市场中占据绝对优势，

但其业务范围更多地集中于一、二线城市。

第三，美团、糯米等团购网站，短时间内还无法在一、二线城市中对旅游平台造成较大威胁，因此需要从三、四线城市入手，打开酒店O2O发展的新局面。

第四，连锁酒店的互联网化转型，还需要长时间地探索完善，短期内难以取得较大成效。

四、酒店O2O转型案例

（一）布丁酒店

"布丁"酒店品牌是住友酒店旗下的一所为"千禧一代"而设计的经济型酒店。"千禧一代"主要是指在互联网经济快速发展的时代背景中成长起来的，在20世纪出生、进入21世纪之后刚好成年的一代人。布丁酒店就是针对这一代人极富个性和活力的特点，打造简约、时尚的客房，提供贴心细致的服务，进而极大程度地满足他们的需求。

布丁酒店的所有服务几乎都依靠互联网技术来完成，如将免费的无线网络进行全酒店的覆盖、使用电子移动设备自主办理酒店入住等。布丁酒店不光在线下利用互联网技术提供便利服务，还实施了一系列的线上营销，如与携程旅游合作、在微信公众号提供在线预订服务、在高德地图提供位置导航等。布丁酒店一系列的宣传和服务流程，极大地方便了消费者的预订和入住，进而获得了"千禧一代"的青睐。

布丁酒店所建立的微信公众号，一方面能帮助用户便利地预订和退房，另一方面还能让用户在平台与酒店所创建的人工操作的虚拟人物"阿布"进行互动和沟通，它常常会在公众号中发布一些活动以吸引更多的用户，例如，用户可以在公众号中上传自己喜欢的歌曲，创建一个"聆听微信盒"。

布丁酒店通过提供一系列精心服务，获取了"千禧一代"的欢心，而同时"千禧一代"也给它带来了具有巨大经济效益的粉丝效应。粉丝效应能够让已消费的用户自主地在自己的群体中做宣传，为酒店在用户群体中赢得良好的口碑。

（二）如家酒店

如家酒店是非常受用户欢迎的酒店品牌。在O2O转型上，如家酒店充分发挥想象空间，创造出自身独特的转型方式。

在当地旅游的用户很有可能会在酒店里花费大量的时间，酒店完全可以利用这些时间给用户提供更加多样化的服务，久而久之，酒店就能获得更多的经济利益并吸纳更多的用户前来体验。酒店除了可以利用平台提供普通的住宿服务，还可以开展创新型住宿活动，如"免费入住"活动，该活动的操作原理主要是消费者只有在酒店内购买足够支付酒店房间原有价格的商品，才能获得免费入住的资格。通过这一方式，酒店就能够建立一种线上供应、线下体验的一种新型体验式消费。

（三）维也纳酒店

睡眠质量非常影响顾客在酒店的入住体验。维也纳酒店从改善消费者睡眠质量这一角度出发，为消费者提供高品质床垫，着力打造深度睡眠系统，努力成为中国的"睡眠专家"。

维也纳酒店亲自参与床垫的研发，并对质量严格把控。维也纳还将床品上线至电商平台，如果用户看中了维也纳的床品，就可以在网上订取，随后让商家把货物送至家中。

（四）Aloft 酒店

Aloft 酒店的特点与家具内饰零售商 Design Within Reach 的合作有关。2014年，两家公司签订合同达成合作关系，家具零售商 Design Within Reach 可以在所有 Aloft 酒店中展示自己的家具，同时将家具的价位表放在家具旁边，让使用得舒适并有购买欲望的消费者能够一眼就看到价格，从而促进家具的销售。

这样的组合形式能够实现酒店和家具商的共赢。一方面，酒店可以按照酒店风格免费挑选自己喜欢并合适的家具；另一方面，家具商也可以获得更多的机会向消费者展示自己的产品，并且让消费者在住宿期间深度体验家具的性能，提高对家具的购买欲望，甚至还可以让消费者在社交媒体中去展示酒店的装修风格，在无形之中对酒店做出了宣传。

与传统营销模式相比，这种营销模式极富创新力，它能在扩大经济效益的同时，将消费者的消费活动转化为宣传活动，从而拓展出更新颖的宣传途径。

（五）华住酒店

华住通过去哪儿、携程、艺龙、微博、微信等多个互联网渠道进行导流。华住有三种渠道——自有平台、社交平台、OTA 分销平台，用来满足不同消费者的不同需求。但是，华住为了降低用户成本，增加与用户之间的关联度，在多数情况下使用的是自有平台渠道。

华住酒店为用户提供自助入住，这是一个类似 iPad、旁边放有身份证扫描仪的自助设备，用户通过该设备便可完成选房、预订、办理入住、支付房费等一系列程序，最后在入住前到前台领取房卡和发票就可以了。

第三章 "互联网 +"背景下的酒店营销

随着互联网的快速发展，互联网用户数量也迅速增长，并在短时间内积聚了数以亿计的用户群。面对如此迅猛的发展势头和如此庞大的潜在市场，现代酒店需要利用好互联网这个"世界最多的、效率最高的、最安全的市场"，将市场营销与互联网联结在一起。

高新科技的不断进步和发展，使人们的社会关系、思想观念、生活方式不可避免地处于变化之中，这就给酒店业制造了新的竞争载体，酒店可通过网络宣传企业形象，开展网上预订业务，让顾客了解酒店的硬件及软件设施，选择他们需要的服务，进行远程预订，最终为酒店带来更多的客源。且酒店与顾客通过网上交流，了解其需求进而为其提供更为人性化和个性化的服务。

基于此，本章将对"互联网"背景下的酒店营销展开全面的论述。

第一节 "互联网 +"背景下的网络营销

网络营销是借助网络技术和网络渠道进行的营销活动。从网络营销概念内涵与外延的界定上不难看出，酒店网络营销的实质不是简单的网络技术应用，而是网络化的市场营销活动。网络营销也不单是网上销售或网上广告，而是市场营销战略和策略在网络环境中各种实现途径的综合体现，网络营销包括形象塑造、市场策略组合、预订销售、客户服务、市场调查、营销评估等。另外，网络营销是整体营销体系的重要组成部分和分支，必须与总体营销目标保持一致，与各种传统营销手段协调互补。在此意义上，可以把网络营销定义为市场营销总体战略在网络环境下的具体体现与实施。

一、网络营销的功能及特点

（一）网络营销的主要功能

1. 塑造酒店形象

通过网络营销，酒店可以在较短时间内树立和强化形象，并在网站建设和网站展示过程中不断完善和提升形象。网络营销的重点是网站推广，而网站是品牌的网络展示窗口，可以使更多人了解酒店的产品和服务。从营销的角度来讲，网站不仅仅是一个品牌的网上窗口，更是塑造和提升品牌的重要营销工具。好的网站必须具有正确的市场定位，能够满足目标市场顾客群体的需求，在网络展示方面明显优于竞争对手，并且信息直观、易于使用。因此，在网络营销的网站建设中，必须突出网站便利的导航功能、完善的帮助系统、快捷的下载速度、简单友好的用户界面，以及对搜索引擎友好的链接。

2. 品牌的确立和推广

品牌对酒店而言是一笔不可估量的无形资产，品牌经营的成功与否直接关系到酒店的命运。创立品牌、推广品牌、加强品牌的管理与维护、促进品牌创新是网络营销的重要组成部分。酒店网络营销通过构建企业网站，并将其作为酒店在网络上的营销平台，通过一系列的推广、运作，加强顾客和公众对酒店的认知、认可，进而有效地占据市场，实现经济效益的增值。

3. 信息的收集与发布

在网络营销的过程里，企业会通过各种搜索方式，探寻合理、有效的信息。酒店的管理人员会将自身的价格与同类型酒店的价格进行合理的对比，掌握竞争者的情况，再搜集有用的商业信息，为最终的决策奠定基础。尽管搜索这种方式十分简单，却可以较为明显地提高酒店的网络经营能力。随着信息搜索逐渐表现出智能化、集群化的特征，网络搜索具备了越来越突出的商业性，探索网络营销目标将变得较为简单。

网络营销的基础性功能包括信息的发布。不管是何种类型的营销方式，其目标都在于向广大的目标群体传达特定的信息。相较于以往的营销方式，网络营销在信息发布方面展现出自身强大的优势。通过网络营销，人们能在所有计算机网络终端获取到相应的信息。由此可见，网络营销具有非常宽广的覆盖范围，且在信息发布的保留时间、表现形式、延伸效果、穿透能力等方面也是其他营销方式无法比拟的。此外，在网络营销过程中，当特定的信息发布到网络平台之后，便可及时进行信息跟踪，得到相应的反馈，在此之后还能与受众进行更加全面、深入的交流。因而，信息发布能够取得非常显著的营销效果。

4. 进行产品开发与试销

酒店可以借助网站开发和测试找到符合市场需求的新项目，并根据网络调查得到的反馈意见筛选和完善酒店活动。借助网络技术进行产品的开发和测试也有很多优势，如成本低廉，信息能够在短期内迅速得到反馈，客户能够非常积极、深入地参与其中。并且，开发和测试过程以公开的形式推进，再加上网站新闻的大力宣传，新的活动项目可以在更大范围内得到推广。

5. 促进产品销售

网络产品信息展示的多媒体化特征和信息沟通的交互性优势，使酒店能够通过网络进行更有效的广告和营业性促销。具有链接功能的弹跳式视窗广告、旗帜广告、按钮广告、网上拍卖等网络促销手段，可以根据消费者的兴趣提供酒店活动的详细介绍、网上预订甚至网上优惠直销服务，因而能有效激发消费者的购买欲望，影响其消费行为并增加酒店产品销售量。

6. 改善客户关系

为了使企业和客户间建立起更加亲密的关系，人们提出了将客户作为中心的管理思想。这种管理思想推动了客户关系管理的形成。如果希望网络营销获得较好的效果，一定要以客户关系管理为基础。

在传统经济模式下，因为认知的欠缺、自身条件的限制，酒店在客观资源管理等方面表现出明显的不足。面对这样的情形，在网络营销中，通过客户关系管理，将客户资源管理、销售管理、市场管理、服务管理、决策管理融于一体，从而全面、系统地协调、引领原本管理不善、彼此联系不紧密的销售、市场、售前和售后等一系列环节的服务和业务。客户关系管理能使销售行为变得更加合理、有序，掌握不同客户的具体需要，使客户资源表现出更高的价值；同时能够消解销售的隔膜，让酒店以更加精准、完善的营销策略展开营销。对客户的反馈信息予以系统的收集、梳理与研究，有利于酒店在激烈的市场竞争中脱颖而出。客户关系管理系统也可以发挥良好的统计分析作用，能够让酒店获得相应的决策建议，在较大程度上保证决策的正确性，从而使酒店获得十分可观的利润。

7. 优化客户服务

便捷高效的互联网让酒店能够以更加丰富多样的方式为客户提供良好的服务，其形式包括客户常见问题解答、列表电子邮件、电子公告板、聊天室、新闻发布等，其内容包括活动主题介绍与相关知识、目的地概况、活动日程安排、预订咨询与受理、相关规定与注意事项、日程变更通知、酒店活动成果与评价等。

酒店还可以借助网络建立客户档案，并根据客户的兴趣为其提供各种服务信息，包括随时通知客户大型活动日程安排的变化，各种表演节目的变化等。良好的网络客户服务有助于激发观众参加大型活动的主动性，使之成为活动忠实的信仰者和支持者。

8. 开展市场调查

酒店凭借先进的互联网技术开展全面、深入的市场调查，能够在一定程度上缩减调查的资金投入，让调查在较短的时间内得以完成。网上调查一般都会设置新颖且富有趣味的主题，这样可以使读者群体产生较为浓厚的兴趣，并让其在恰当的时间以十分合理的方式给出调查答案，生成调查统计数据。网上调查信息沟通的即时性和交互性，保证了酒店能够在第一时间掌握市场变化的最新动态，并对酒店活动产品进行市场反应的跟踪调查，适时改进或调整产品结构以满足不断变化的市场需求。

在网站上设立调查问卷是开展网上调查的主要方式，除此之外，还可以通过弹跳视窗调查、网上聊天、网上投票等方式进行网上调查。多种形式和多种渠道的网络调查使大型活动机构得以从网上获取更丰富的、实效性更强的基础资料，甚至能够轻易获取与竞争对手有关的产品、价格、促销手段等关键信息，从而为酒店及时调整竞争战略和策略提供科学的依据。

9. 资源整合与总体营销规划

在复杂的市场环境当中，酒店应该对自己所拥有的众多营销资源进行整体营销规划，通过确立有效的营销策略，将分散的资源进行有机的整合，以达到营销的最佳效果。由于网络营销将各种优势资源进行了整合，将营销的整体规划进行统筹，使得营销管理成本得到了控制和降低。网络营销以共享的网络作为平台，其功能和作用就是能协调和整合各种资源，并在一个整体的营销策略和规划的指导下实施营销。

（二）网络营销的基本特点

互联网的大容量、高速化、互动式，改变了过去受空间、时间限制的服务方式和较低的服务效率。总的来说，酒店网络营销的基本特点有以下几点。

1. 市场全球化

互联网在全球范围内的迅速崛起，给酒店行业带来新的商机，使酒店产品销售向着区域化、全国化、国际化、全球化发展，使酒店面对着一个更广阔、更具选择性的全球市场。

2. 产品个性化

网络营销可以根据顾客的独特需求逐一给予反应，创造出个性鲜明的产品，这样能够使顾客的独特需求得到充分的满足。

3. 信息提供高效化

酒店的资料库里储备了异常丰富的信息资源，顾客能够通过合理的搜索查询获得需要的信息。并且，酒店可以根据市场需要的转变，对产品、价格等要素做出相应的调整，使酒店能够更加长远地发展。

4. 价格公开化

顾客借助便捷、高效的网络可以充分掌握产品的价格，并全面、系统地对比各个类型的酒店，如此能够使价格更加公正、透明、公开地呈现出来。

5. 渠道直接化

酒店利用网络这一渠道和顾客开展直接且密切的联系，产品能够通过网络直接订购，流通的过程得到简化，销售渠道也表现出更为直接化的特征，加速了商品、资金、信息的流通。

6. 服务大众化

酒店的网络能够全天无间隙地运作，顾客便能打破时空限制，随时随地获得相应的服务。这样酒店便能与所有顾客进行细致的交流、沟通，使不同顾客的个性化需要得到满足。

二、网络营销的相关理论

(一) 直复营销理论

美国直复营销协会（ADMA）将直复营销（Direct Marketing）定义为：为了在任何地方产生可度量的反应和达成交易而使用一种或多种广告媒体的相互作用的市场营销体系。① 用户与企业能够通过网络这一渠道进行双向的深入的交流，也在很大程度上方便了企业与顾客，顾客能够在网络平台上订购自己需要的产品，企业能够在网络平台上接收订单，规划生产计划，将产品运输到顾客提供的地址。基于互联网的直复营销更加符合直复营销的理念，具体表现在以下4个方面。

①直复营销非常注重直复营销者和广大的目标群体间进行信息沟通，这打破了传统市场营销信息传达的单向性特征。企业与顾客借助互联网这一便利的途径能够进行直接、密切的沟通、交流。企业能够依据网络提供的目标群体的需要做出关于生产与营销等方面的决策，这样不仅能够让顾客获得良好的体验，而且可以使顾客在最短时间内做出相应的决策，使营销决策发挥最佳作用。

②直复营销活动的核心在于所有的目标用户都拥有表达自己想法与意愿的途径。企业能够根据顾客的实际反应和表达的想法探索营销活动中的缺陷，为以后的直复营销活动的开展奠定基础。由于互联网表现出十分突出的便捷性，因而顾客能够借助互联网表达自身的需要与意见。企业也能够根据顾客提供的想法与指导，探寻到企业存在的缺陷，围绕着顾客的需要不断完善经营管理，降低营销资金的消耗。

③直复营销活动注重在所有时空中都能够让顾客、企业以双向的形式进行信息交流。由于互联网表现出打破地区界限的特征，因而顾客能够选择任意的时空，告知企业自身的需求与企业存在的不足，同时企业也能够凭借互联网技术与其进行双向交流。这主要是由于互联网平台上全天持续提供海量的信息，顾客可以选择合适的时间地点，利用网络获得自己需要的信息。

④直复营销活动最突出的特征在于其产生的效果能够通过适当的手段得到测定。企业和顾客可以借助互联网这一平台进行较为深入的交流和确切的商品交易，借助互联网相关技术，企业能够非常轻松地对所有顾客的订单做出恰当的处

---

① 高晖．网络营销 [M]．西安：西安交通大学出版社，2012：37．

置，不必顾忌顾客及其购买的商品数目，这主要是因为人们不必投入过多的成本便能借助互联网进行深度的交流并有效地处理信息。因而，互联网可以凭借十分低廉的成本充分满足顾客的需要，使目标市场朝着更加精细的方向发展，使营销展现出更高的效率。

（二）网络整合营销理论

所谓网络整合营销（Integrated Internet Marketing），是指由于网络信息沟通的双向互动性，使顾客真正参与到企业的整个营销过程成为可能，顾客参与的主动性、选择性加强，顾客在整个营销过程中的地位更高。它指导网络营销对营销策略的研究更加注重互动性和整合性，既要体现消费者参与营销的思想，又要把各类互联网技术与新的营销变量结合起来，达到与广泛利益相关者进行沟通的目的。[①]

网络整合营销理论具体体现在以下 4 个方面。

1. 产品和客户服务始终围绕客户展开

因为互联网表现出十分鲜明的互动性与引导性，用户能够充分利用互联网并根据企业的良好指引，选择需要的商品或者服务并提出自己的意见。同时，企业也能够以顾客的反应为依据进行有针对性的生产、创造，让顾客可以在打破时间界限的条件下获得自己需要的产品、服务；此外，企业还应当在短期内掌握顾客的需要，并以此为依据进行相应的生产与销售。

2. 以顾客为中心定价

传统商品的定价是基于生产成本设立的。这种定价模式与如今的市场营销环境格格不入。当今的价格应是以顾客能接受的成本来定价，并以该成本为依据不断向生产、销售环节推进。如果企业按照这种模式进行定价，一定要通过科学的评测掌握顾客的实际需要和对价格认同的标准，如果不这样做，便是纸上谈兵。通过互联网，这种定价形式可以轻易达成。顾客能够借助互联网这一平台给出处于自身心理预期范围内的成本，企业能够以此为依据给出与之匹配的产品设计与生产方案，直至让顾客感到满意之后再开展系统的生产与销售。

3. 增加与顾客之间的沟通与联系

传统的促销模式将企业作为核心，借助合适的媒体、工具使顾客对企业及其

---

① 贾名清，蒋善涛. 市场营销学 [M]. 南京：东南大学出版社，2011：343.

产品表现得更加忠诚，表现出更多信赖，此时顾客是在被动状态下接受信息的，没有和企业、产品进行深度的交流，并且企业也会消耗较高的促销成本。网络营销则表现出鲜明的交互式特征，顾客能够更加密切地加入企业的营销活动，所以借助先进的互联网，企业能够和顾客形成非常紧密的联系，全面、深入地把握顾客的需要，得到顾客的强烈认可。

（三）网络关系营销理论

关系营销（Relationship Marketing）是一种通过与关键对象（顾客、供应商、分销商）建立长期满意关系的活动，维持各方之间长期的优先权业务的营销方式。关系营销是自 1990 年以来受到广泛重视的营销理论，它主要包括两个基本点：首先，在宏观上认识到市场营销会对一系列领域产生影响，包括顾客市场以及影响者市场；其次，在微观上认识到企业与顾客的关系在不断变化，市场营销的核心应从过去的简单的一次性交易关系转变到注重保持长期的关系上来。[①]

关系营销的关键内容是与顾客维持长期、稳定的关系，使顾客获得优质的产品、服务，在和顾客建立起长期稳定的关系的前提下推进营销活动的开展，从而达到一定的营销额。关系营销的开展不一定会破坏企业利益的获取。相关研究显示，相较于维持老顾客，争取新顾客需要消耗更高的成本。所以，与顾客建立起较为亲密的关系，使顾客对企业、产品形成较高的忠诚度，能够使企业获得十分可观、长远的利润。关系营销倡导顾客、企业实现互利共赢。互联网可以让企业、顾客不需要耗费过多的成本便可以实现较为深入的交流。

三、网络营销的优势

（一）有效降低成本费用

1. 降低营销与相关业务管理成本

互联网按照统一的标准合理地连接起种类各异的计算机，使计算机资源与信息的共享最大化，并能够在远程状态下不断进行信息交流，所有的一切皆是在互联网技术不断进步的背景下形成的结果。如今，大量的酒店都在其酒店管理过程中合理运用了互联网技术，并获得了十分可观的利益，凭借先进的互联网技术，酒店管理中很多环节的成本都得到缩减，管理效益也大大提升。

---

① 郑建辉，李征，卢友东 . 电子商务概论 [M]. 北京：北京理工大学出版社，2017：112.

2.降低销售成本费用

销售对酒店来说是非常重要的，因此许多酒店不惜花费巨额费用投入到销售环节，但销售成本过高也导致许多酒店不堪重负。销售成本主要有销售人员费用、销售管理费用、广告等促销费用等。互联网的出现给酒店带来了新的销售模式和管理方式，如网上预订和网上促销等，新的销售模式大大降低了销售成本。

（1）通过网上预订降低销售渠道费用

互联网的信息交换可以跨越时间和空间限制能以低廉的费用实现任何地点任何时间的一对一交流。借助互联网进行直销，一方面可以将酒店服务市场拓展到全球，另一方面借助互联网用户可以自由访问酒店网站，查询产品信息和直接进行预订。酒店借助网上预订系统，可以提高销售效率，减少对销售人员的依赖。

（2）通过网上促销的高效性来降低促销费用

互联网作为第4类媒体，具有传统媒体不具有的交互性和多媒体性，可以实现实时传送声音、图像和文字信息，可以直接为信息发布方和接收方架设沟通桥梁。例如，网上广告比同样效果的电视、报纸广告费用低廉，而且可以将广告直接转换为交易，吸引消费者通过广告直接产生购买行为。

（3）降低销售管理费用

利用互联网进行网上直销，可以实现预订、结算的自动化管理，提高销售管理效率，降低销售管理费用。

（二）捕捉客户需求，提供满意服务

酒店作为服务行业，最根本的目标就是让客户满意。要实现这一点就应该掌握客户的实际需求，包括客户在什么时间、什么地点、需要什么样的服务等。通过客户的网络订房行为以及互联网平台上的互动信息，酒店可以详细了解客户的需求状况，从而为客户提供个性化的酒店服务。

（三）提高酒店的行业竞争力，建立品牌效应

对于酒店行业的发展而言，信息是一种不可或缺的因素，数量众多且优质的信息往往可以使酒店在激烈的市场竞争里脱颖而出。凭借便捷高效的互联网，酒店能够得到大量的客户资源与信息，表现出强大的竞争力。在网络营销的过程中，品牌一直占据着十分重要的地位，具有优质品牌的酒店不仅能让顾客获得良好的服务体验，也可以让顾客深刻地感受到酒店文化的魅力。这样顾客会对酒店

产生十分深刻、良好的品牌印象，同时也能加速品牌服务的传播。

四、酒店网络营销的现状

（一）酒店基本加入订房网站

为了促进酒店行业的不断发展，网上虚拟平台应运而生。这一平台使酒店、顾客、企业等都能从中得到较为优质的服务。首先，对于酒店经营者来说，订房网站具有极其广泛的覆盖范围，能够发挥较好的宣传作用。这是传统营销的方式不具备的。其次，对于顾客来说，订房网站的信息丰富、选择多样，整体优势突出。

传统订房网站和酒店之间的合作并不顺利，主要表现在网站会收取大量的佣金。所以，便会形成大量复杂的问题，比如在网上完成订房的顾客一般会被安排到环境并不优越的房间。由于存在大量问题，一些新兴网络中间商不断涌现，他们转变了收取佣金的盈利方式，通过收取固定费用的方式，使酒店和顾客形成更加密切的联系。但是，想要取代传统订房网站的位置，此类新兴网络中间商仍具有较大的提升空间。

（二）部分酒店网站功能单一，更新滞后

我国很多酒店都创办了富有自身特色的网站，顾客能够借助酒店主页的观览，掌握酒店的环境、设施、价格等信息。然而，大部分酒店网页的内容设计并不全面、深入，顾客只能根据网站中的图片、文字掌握酒店的基本信息，且很多网站的信息不全面或者更新较为迟缓，这样也不利于消费者的消费。

（三）不重视网络推广的作用

建设好酒店网站后还需要重视产品网络推广和网站推广，只有不断把酒店形象、酒店信息通过其他途径进行推广，让顾客了解酒店，形成口碑效应，才会提高顾客的忠诚度。然而，许多酒店忽视了此项工作。尤其是没有充分认识到合理运用搜索引擎的良好作用。当人们在搜索引擎里输入一个酒店的名称进行搜索时，往往会出现许多网络中间商，想要直接找到该酒店的官网有一定的难度。因此，顾客通常会通过网络订房网站预订酒店，而不会选择酒店的官网。

（四）网站设计技术落后

1. 酒店网站设计不美观、单调，网页更新速度慢

酒店网站设计不美观、不生动，内容单调，信息更新速度慢，时效性低。加之后期缺少站点维护和推广，不能实现实时更新。这不仅对消费者缺少吸引力和参考价值，还造成了网络资源的浪费。

2. 网站营销目标不明确

许多酒店的网站营销目标不明确，忽视网络营销的基础工作。当前，大部分酒店的网络营销都只局限于订房与房间环境的呈现两个方面，并且页面也是以静态的形式展现出来的，主页上容纳的内容只包括酒店的基本信息、环境图片等。事实上，网络营销的意义不止于此，它还可以营造出良好的企业形象，向大众充分地宣扬企业的文化、服务、理念等，并且酒店营销应当注重人性化色彩的体现，陈旧的内容无法使酒店获得良好的宣传效果。

五、酒店网络营销的实施过程

可以说，网络营销并非售卖商品，而是购买需求，购买的是客户的建议与需求，并依据客户提出的建议不断完善酒店的服务，按照客户的需要有针对性地开发、设计产品，提升用户对产品的满意程度，使酒店的产品和服务不断提升。

传统的营销通常都处于被动的状态，目的都在于使客户对酒店服务、产品产生强烈的兴趣，包括发放传单、开展促销活动等；网络营销则化被动为主动，其关键在于通过怎样的方式开发潜在客户，凭借良好的网络营销，使更多的客户对酒店产生兴趣，并对酒店产生较高的忠诚度。

酒店开展网络营销一般要经历以下几个过程。

（一）进行酒店网络营销的市场定位

网络营销区别于传统营销，传统营销呈现出单向性的特征，而网络营销则表现出双向性的特点，也就是说酒店经营者一定要充分掌握用户的相关信息，全面认知到自身产品和网络用户的契合度。酒店应当借助自己的网站，掌握客户的信息，掌握客户的实际需要。这样能使网络营销获得明确的方向。

（二）明确网络营销的主要对象

网络营销对象指的是可能在虚拟市场上发生购买行为的顾客。依据酒店产品呈现出来的实际特征，明确营销的对象，以精彩的网站内容，吸引大量的群体进行访问。在明确网络营销的对象之后，还应当充分掌握网络用户的分布特点，也就是凭借关注网络群体，与产品表现出来的特征充分结合，最终明确网络营销面向的主要群体。

（三）确定网络营销的内容

网络营销的目标是试图聚集起一定的客户群，而且可以在短时间内凭借网络实现客房的预订。要达成这一目标，则需要借助充分的信息与内容的设计。客户对酒店客房的预订意愿表现出复杂多变的特征。营销的内容取决于客户的决策与产品周期的差异。所有用户对酒店的网络订房都会历经三个阶段：了解、试用与使用。酒店经营者一定要对各个时期营销的内容予以充分的关注，培养优质的网络客户群，使酒店的网络订房业务不断成熟。

（四）确定营销组合方式

网络营销一定要凭借有效的组合强化营销的效果，使酒店在网络上获得更高的名气。寻常的网络营销活动通常包括两类方式，分别为网络广告营销与网络站点营销。网络广告营销的运用非常广泛，网络广告已经摆脱了标准广告这种单一的样式，按钮广告、文字链接广告等多样化的广告样式不断涌现，广告效果也深受广告商的认同。网络站点营销则是基于特定的网站平台提供相应的信息并开展一定的营销活动。酒店应当依据实际经营与网络订房的状况合理地组合运用两种方法，发挥出最佳的营销效果。

（五）进行网络营销渠道管理

如果酒店希望获得良好的网络营销效果，就应当构建起合理的管理营销途径。国内的大部分酒店的规模较为有限，缺乏自己的预订网站与营销网站，都是借助其他平台进行订房与营销。因而对酒店而言，网络营销渠道管理便显得十分重要。酒店想要营造出良好的网络品牌形象，就应当合理地强化营销渠道的信息交流，确保酒店网络营销的和谐统一。

实际上，在开展网络营销的过程中，应当充分利用酒店所能提供的资金，构建一个合理的网络营销预算方案。实施网络营销，条件与价格等因素都在不断变化。经营者应当进行全面、深入的对比与学习，明确一个最优的组合营销方案，通过一定的资金投入取得优异的营销效果。

第二节　酒店网络营销的主要策略

网络营销是促使酒店开辟广阔市场，获取效益的推动器，是连接、引领和改造传统营销的一种有效形式，是提升酒店竞争能力的一把金钥匙，通过网络营销，可以更有效地促成酒店和消费者之间的交易活动。具体而言，酒店网络营销策略及其要点表现在以下几个方面。

一、网站营销策略

建立酒店营销型网站是非常必要的，酒店网站建设有助于企业形象展示与提升。企业网站是目前最直接、最丰富和最快捷的与客户沟通的联系方式，它不是传统意义上的简单的酒店资讯展示平台，它应该富有"营销性"。酒店应该建立一个网络营销导向的专业网站，从网站总体规划、内容、服务和功能设计等方面为有效开展网络营销提供支持。

（一）酒店网站建设要求

酒店应该建立自己的网站，网站内容要丰富新颖，有足够吸引客户的东西。酒店无论是想通过网站进行品牌宣传还是建立销售渠道，都要从品牌的角度去用心建设。具体如下。

1. 美观实用的页面设计

一些网站的标志设计非常简洁，网页设计彰显出独特的风韵，访问者往往会对此产生强烈的兴趣，同时也能发挥出品牌的效应。网页的设计应当达到美观实用的要求，优美的页面备受顾客的关注，使顾客印象深刻；实用的页面设计则契合观众的实用心理，便于观众查阅观览。酒店网站网页的设计应当达到以下三点：一、优美精致，二、应当便于进行访问，三、应当采用先进的网络技术虚拟处理酒店产品，使浏览者获得较好的视觉感受。

2. 项目完整，功能齐备

要发挥网络营销的最大作用，酒店的网站设计应该符合功能齐全，项目完整，链接迅速等要求。营销型网站还应该具有如下特点：站内搜索引擎优化、带有注册功能的资讯、有销售力的图片和视频、建立在线客户系统、建立网络营销分析系统、网站功能导航、网络预订系统、中央采购系统等。

3. 良好的互动性

在网络营销中，信息的传递具有良好的交互性，能够与顾客进行充分及时的交流与沟通是网络营销的主要特点与优势，所以网络营销对传统营销是一种极大的完善和补充。通过各种网络营销工具和手段，消费者可以很容易地参与到整个营销过程中，使企业能够根据消费者的需要和反馈对营销策略进行及时的调整，从而更好地为顾客服务。

（二）建立酒店网络营销体系

如果酒店希望构建起能够充分发挥营销作用的网站，便应当依据客户的实际需要、营销方式与技术对网站加以优化与完善。当前，构建连锁酒店营销型网站应当包含下面这些内容：酒店介绍、酒店产品展示、酒店促销、网络实时预订、品牌在线加盟、在线招标和投标、在线客户交流中心、会员注册、功能导航等。酒店应当以自身的需求为出发点，通过全面、深入的探究分析，不断地完善并改进网站内容。

酒店网络营销的构建与实施较为浩繁，如果希望获得十分优良的网络营销效果，酒店应当构建系统完整的网络营销体系，包括客房促销系统、网络预订系统、中央采购系统、资讯发布系统、在线客户中心、付费广告宣传（关键词广告、行业门户广告，B2B广告）等。

（三）网站主要栏目设置

酒店不同，其风格特点也完全不同，因而应当在相应的设置栏目处呈现自身酒店的鲜明特色。下面对酒店网站应当设置的栏目予以充分的探究。

1. 网站首页

网站首页应该在一定的空间范围内，用最短的时间将酒店鲜明的特色呈现在人们面前。只要浏览者观览到首页，便可以获取网站提供的最新信息，这样可以使浏览者较为频繁地对网站进行访问。为更好地呈现信息，网站的首页应当对页面的编排与设计投入较多的精力。

①页面编排。展现出网站首页发挥的导航作用，应当较为均匀、全面地呈现网站上的不同内容构成，并应当强调一定的侧重点。

②页面设计。页面设计应当将一般的 FLASH 引导页面和网站的首页紧密地结合在一起，这样不但可以带给人们十分强烈的视觉感受，同时也可以让浏览者获得网站最新的信息和内容。

2. 酒店介绍

酒店介绍的主要内容是发布关于星级酒店的相关信息，使浏览者通过这一介绍掌握酒店的相关情形，对酒店产生更加清晰、深刻的认识。酒店介绍的相关栏目如下所示。

①酒店介绍。可以分为酒店介绍、经理致辞、经营理念三个部分，分别就酒店所在位置、经理介绍说明、经营理念的介绍来提升客户对整个酒店的认知。

②酒店环境。包括内、外两个方面的环境，一般采用图文等要素予以生动的呈现。

③信息中心。可以分为今日特价房、优惠活动、饮食文化三个栏目，主要运用信息发布系统来对酒店相关优惠和活动方面的信息进行发布。

④美食展示。呈现酒店美食的一个体系，具体呈现的内容包括美食的特色、美食套餐等。

⑤人力资源。酒店的相关服务员工的情况等，主要包括"服务介绍""员工风采""招聘信息"三个栏目。

⑥客户反馈。一个客户意见收集的栏目，主要包括"客户评星""在线留言"两个栏目。

3. 其他部分分栏

其他部分分栏包括以下内容。

①人才招聘。为一个动态数据库栏目，所有招聘信息都可以在此栏目内显示，会员或浏览者通过栏目都可以获得相同的应聘服务。

②客户服务。主要是为星级酒店做售后服务，完善星级酒店服务体系，内容包括星级酒店服务宗旨、服务热线、一些常见问题解答等。

③友情链接。一套自动生成友情链接的系统，管理员可以在后台添加其他星

级酒店的名字和链接。

④站点地图。本栏目为一个站点地图，星级酒店站点可以用一张图来把网站内所有栏目进行分类并连接，可以让来到这个网站的客户或浏览者看到清晰的图片。

（四）酒店网站维护

搜索引擎优化就是对网站的用户体验予以全面、深入的思考，在充分体现核心竞争力的前提下，凭借自身拥有的方法、技术，为网站选择恰当的方式并进行有效的实施，从而使酒店获取丰厚的利润、使搜索引擎用户得到最佳的搜索结果的过程。搜索引擎优化的内容包括网站的结构、内容与质量等要素的优化。在酒店构建的初期，管理者便应形成强烈的优化意识，若是酒店在这方面的人才十分稀少，便应向专业网站优化企业寻求帮助，使其能够凭借较为低廉的成本取得极高的效益，而且酒店在构建网站时，还应充分结合传统营销理论，把握目标用户群体的特征，探究各个阶层消费者的消费心理，掌握其对关键词的认知与划分，让酒店较为灵活地选取关键词。在构建网站时，应当对顾客表现出十分亲切的态度，网站的结构、内容设计都应当富有特色，如此顾客搜索到酒店网站时，才会对网站表现出浓厚的兴趣，进而帮助酒店开发广大的潜在用户，因而网站内容的有效优化往往发挥着十分重要的作用。

二、网络工具软件营销策略

（一）搜索引擎营销

搜索引擎营销指的是以搜索引擎平台为基础的网络营销。这一营销方式主要依仗的是大众对搜索引擎表现出的强烈依赖心理，在人们开展信息检索时，能够把酒店相关信息充分传达给广大顾客。搜索引擎营销的关键目的是使搜索引擎在业务营销中占据更大的比例，借助网站完成搜索优化，开发出大量潜在的酒店客户。

1. 搜索引擎营销的特点

搜索引擎营销主要呈现出以下4方面特点。

①搜索引擎传达的信息只具有向导功能。搜索引擎检索获得的只是网页信息的索引，通常只包括网站的简短信息，或是搜索引擎以自动抓取的形式获得的个别内容，并非网页所有的内容信息，因而搜索结果只具有一定的指引性。通过怎

样的方式将富有特色的索引内容生动地呈现于用户面前，是否可以吸引用户依据这些简洁的信息到网站／网页之中，挖掘出更多的信息，网站／网页是否可以让用户获得自身需求的信息，这都是搜索引擎营销应当关注的重点。

②搜索引擎营销是用户主导的网络营销方式。没有企业或网站能够逼迫用户做出一定的信息检索行为，运用何种类型的搜索引擎、搜索结果网页的选择基于用户的分辨。因而，搜索引擎营销是以用户为主导者，最大化地缩减了营销活动对用户产生的干扰，契合网络营销的理念。

③搜索引擎营销可以实现较高程度的定位。网络营销的特征之一便是能够对用户行为做出深入的探究并予以清晰、准确的定位。搜索引擎营销在用户定位层面会展现出非常突出的作用，特别是搜索结果页面的广告与用户检索采用的关键词会表现出非常紧密的联系，使营销信息获得较为强烈的注意，实现网络营销效果的强化。

④搜索引擎营销需要适应网络服务环境的发展变化。搜索引擎营销是一种利用搜索引擎进行网络营销的方式，所以它的应用一定会利用搜索引擎的原理、服务模式等。

搜索引擎营销属于搜索引擎服务在网络营销里的运用，因而应用方式必定受搜索引擎的原理、服务模式等因系影响，如果这些相关要点出现一定的变化，搜索引擎营销的方式一定会发生改变。所以，搜索引擎营销方式会表现出阶段性特征。开展搜索引擎营销应和网络营销服务环境保持和谐。

2. 搜索引擎营销的要点

①提升酒店在搜索引擎中的排名。当酒店为知名的搜索引擎网站所收纳，且内容的设计非常优质美观时，提升网站点击率便显得十分重要，具体可以从以下两个方面入手：首先，网站内容应当契合消费者的审美，使其在短时间内被吸引；其次，应当通过合理的手段提升网站在搜索引擎里的名次。相关研究表明，大量的使用者在运用搜索引擎时，对第三页以下的搜索结果不予关注，因而，应当通过巧妙的手段使酒店网站在搜索网站上的名次不断提高。要达到这一目的，不仅要充分地优化网站，还要采用付费的方式。

②建立酒店网站搜索引擎的分析评估体系。首先，应全面、深入地研究目标用户的特征，了解其消费态度、文化与喜好等，以此为依据构建起界面独特的网站，并在研究、分析顾客群体的过程中，挑选出恰当的关键词；其次，应当充分了解竞争对手与行业整体的情况，全面把握外在的威胁因素；此外，还应构建起

完善的投资回报跟踪体系，统计点击率，并对顾客转化率等要素都构建起完善的评估体系，这样一来即使没有实现预定的目标，也能够对所有环节予以充分的检验，并快速地修改调整。

（二）电子邮件营销

电子邮件是在互联网上传送的个人信件。电子邮件营销是一个针对有效客户进行推广的好办法。酒店通过电子邮件，可以把企业的电子刊物、会员通信、电子广告等直接发给顾客。当然，使用电子邮件推广时必须要得到用户的许可。基于用户许可的电子邮件营销可以消除滥发邮件的弊端，具有减少广告对用户的滋扰、增加潜在客户定位的准确度、增强与客户的关系、提高品牌忠诚度等优势。电子邮件营销方式的关键在于准确寻找目标受众，并在此基础上建立客户数据库。这样酒店才可以跟客户建立直接而及时的一对一的联系。同时，这种方法还有利于酒店与酒店之间将来、现在和过去的客户建立起一种持续的联系。

1. 电子邮件营销的形式

根据许可电子邮件营销所应用的用户电子邮件地址资源的所有形式，可以分为内部列表电子邮件营销和外部列表电子邮件营销，或简称内部列表和外部列表。

内部列表也就是通常所说的邮件列表，是利用网站的注册用户资料开展电子邮件营销的方式，常见的形式如新闻邮件、会员通信、电子刊物等。

外部列表电子邮件营销则是利用专业服务商的用户电子邮件地址来开展电子邮件营销，也就是以电子邮件广告的形式向服务商的用户发送信息。许可电子邮件营销是网络营销方法体系中相对独立的一种，既可以与其他网络营销方法相结合，也可以独立应用。

2. 正确运用电子邮件营销的方法

①细分顾客。酒店应避免无目标的投递，避免用垃圾邮件向大量陌生的E-mail地址发送广告，这样不仅不会带来潜在的消费者，相反，会将潜在的消费者拒之门外，并极大地损害酒店的形象和品牌的个性。负责任的、诚信的酒店会针对已有的客户信息，对客户进行细分，分类整理客户E-mail资料，按照其具体的消费习惯，制订个性化的信息，定期沟通联系。通过这种方式，可以减少垃圾邮件对客户的滋扰，增加潜在客户定位的准确度，增强与客户的关系并提高品牌忠诚度。

②邮件内容个性化。网络使酒店能够根据客户过去的购买情况，为其发送内容个性化的电子邮件，而客户更乐于接受个性化的信息。

③及时反馈顾客信息。酒店要特别重视顾客回复的邮件信息，要设立一个专门用于接收用户反馈信息的邮箱，及时反馈顾客信息。

（三）微信营销

微信是知名互联网企业——腾讯推出的一款社交软件，它支持语音、视频、文字与图片在短时间内的发送，并具有多人群聊的功能。用户能够借助微信这一软件和好友联系。微信不只是具有创新性的手机应用软件，它已经成为一种具有强烈时代意义的创造物，同时也成为人们生活中不可缺少的工具。[①]

随着微信的快速发展，微信营销应运而生。微信营销已经成了网络时代非常重要的营销方式。用户在注册了微信以后，便能够与同样注册、拥有了微信账号的好友展开密切、深入的交流，订阅自己需要的内容与信息，商家以提供信息的方式，实现自身产品的有效推广，达到精准营销的目的。当微信用户覆盖的范围越来越广时，各个行业都开始合理、巧妙地运用微信营销，其中也包括酒店行业。

1. 微信营销的优势

由于微信迅速发展的趋势和受广大手机用户的好评使企业对其重视起来。微信营销的优势是客户数量庞大、营销成本低廉、营销定位精准、客户群真实、营销信息到达率高。上述优势使其在营销行业发展起来，酒店餐饮也为之心动。

随着微信的功能变得越来越强大，商家也开始利用一些微信插件开展营销，如人们用于分享生活的朋友圈，形式十分丰富，能够对消费者产生强大的吸引力。相较于微信，微博的发展要更早，不仅拥有很多普通用户，而且很多名人也都拥有自己的微博账号。如今，微信也在充分利用名人效应开展营销。

首先，消费者能够借助微信这一媒介对产品的使用效果及时做出反馈，商家也能够在微信上为消费者答疑解惑，不断提高品牌的形象；其次，由于微信具有实时音频交流的功能，因而通过微信进行明星访谈也非常便捷、高效；最后，不但这样，粉丝也能通过音频和明星进行对话，拉近彼此的距离。

2. 微信营销的方式

微信营销的方式主要有以下几种。

（1）运用微信公众号

酒店可以运用微信公众号进行营销，具体来说，可从线上与线下两个方面着手。

---

① 江美亮．星级酒店营销模式与活动策划 [M]．广州：广东经济出版社，2015：14.

①线上营销。酒店可以构建自己专属的微信公众号，并完善酒店的信息。在对信息予以完善的过程中，必须充分掌握自身特色，明确相关信息内容，杜绝推送毫无意义或毫无特色的内容与广告。否则不仅无法使消费者产生兴趣，还会导致其产生厌烦情绪。

当酒店微信公众号推送的内容正好契合用户的需求心理时，就可以获得用户的好感。此外，值得关注的是，推送的内容必须具有卓越的质量或极高的转载率，同时推送的内容也应当避免具有过于浓厚的学术气息，毫无生机。内容一定要体现出良好的趣味性，才能获得用户的关注。

②线下营销。公众账号线下推广的方式有以下 3 种。

酒店早期能够凭借社交平台的有效推广实现订阅量的增长，如微博、人人网等知名社交平台，再借助 QQ 群、邮件等方式实现用户的充分导入。

酒店可以在一些人流量大的场所贴上或放置自己的微信公众号的二维码海报。

酒店也可以在节假日等旅游旺季，抽取一些幸运用户，通过设定一定的奖励机制，让用户将酒店的信息与优惠情况分享至微信朋友圈。

公众账号平台信息管理可从以下 4 个方面进行。

①公众平台内容素材的收集。对于每天向用户发送消息素材的管理工作，酒店应该设有专门的信息管理员，让其每天收集一些城市的特色景区的信息，同时选择附加具有趣味性的内容，以便吸引用户的眼球。

②公众平台内容群发。当选择好素材后，信息管理员务必要在每天同一时间推送给用户。另外，还需要对"附近的人"中还没有关注酒店的人推送信息。

③公众平台用户互动管理。当酒店的微信账号得到大量订阅后，每天就会有大量用户向公众账号提出自己的问题。此时，信息管理员应对客户进行一对一的沟通，帮助客户解决疑问。

④公众平台应急事件处理。当公众账号发生异常或发生瘫痪时，保证在第一时间通知用户。

（2）扫描二维码

酒店应当设置自己的二维码，以充分的折扣与优惠使客户产生强烈的兴趣。例如，只要用户通过手机扫描商家特有的二维码，便能得到一张电子会员卡，享受一定的折扣。

（3）打造好友圈

酒店也可以利用朋友圈来进行营销，当顾客入住了酒店以后，酒店可以为其提供优惠券、再次入住优惠折扣、赠送积分等的优惠，鼓励其把入住酒店的信息分享到朋友圈，这样不仅可以通过已有的顾客吸引新的顾客，还可以在一定程度上增加回头客。

（4）运用"查看附近的人"

酒店可以根据自己的地理位置查找附近的用户，然后根据地理位置将相应的促销信息推送给附近的用户。可以选择在人流最旺盛的地方，后台 24 小时运行微信，如果"查看附近的人"使用者足够多，广告效果也会很好。

（5）微信支付

微信支付可为用户节省大量时间，酒店只需要向用户发送一个可以直接链接到支付页面的二维码即可。

（四）微博营销

微博是一个基于用户关系达到信息分享、传播以及获取的社交网络平台。

1. 微博营销的内容

微博营销的内容包括以下 5 个方面。

（1）发布预告信息

酒店可以通过微博进行各种预告，如客房是否满员、交通状况、本日打折房、新推优惠房、促销活动预告等。

（2）接受顾客预订

酒店可以通过微博来接受粉丝的订房。

（3）产品宣传推广

酒店可以通过微博进行各种宣传活动，如品牌宣传、特色服务宣传、菜品宣传（附有图片）、厨师拿手菜介绍、发布最受欢迎菜品统计数据等。

（4）发布相关资讯

酒店还可利用微博发布酒店的"官方"信息，如人员招聘、原料采购、新店开张、服务时段、节假日休息公告等。

（5）在线顾客问答

酒店还可与顾客进行在线交流，针对顾客提出的问题进行相关的答疑。

当酒店拥有众多粉丝以后，只要对方没有取消对酒店的关注，那么酒店在任何时候都可以找到顾客。顾客通过微博也能随时找到酒店。此时，酒店适当给顾客推送一些促销信息，就会成为可能。

2. 正确开展微博营销的方法

（1）选择恰当的微博平台，建立微博管理团队

微博营销的运作，首先要选择一个有影响力、集中目标用户群体的微博平台。目前我国微博受众使用的主流微博有新浪微博、网易微博、搜狐微博等。

酒店使用微博的目的是更加深远、广泛地传播自身的品牌。如今，微博已经成为酒店宣传自身文化、优惠力度并与顾客交流的重要平台。在酒店行业，通过微博进行营销的力度已经越来越大。许多酒店将微博作为另外一种形式的官网，将酒店信息推荐给消费者。一些酒店也会尝试通过微博把日常运营、行政管理整合起来的方式，重新规划自己的营销体系，组建自己的微博管理团队。

以格林豪泰为例，它是整个行业里最早成立微博客服团队的酒店，凭借微博这一途径向客户提供全天性的服务，及时解决客户的问题，恰当地处理客户投诉，获得了十分显著的宣传效果。

（2）运用多种方法进行微博推广

①努力增加酒店微博的关注度。微博是开展社会性网络服务的重要形式。对于酒店微博营销而言，获得充分的关注是非常重要的基础。

②酒店应当积极、主动地参与平台互动，包括关注酒店业内竞争酒店的发展情况，关注和酒店业密切关联的行业动态等。还可以通过制作精品内容、免费赠送客房或者折扣券、巧妙借助热点事件等活动引发大量粉丝转发或者积极参与，从而使酒店获得更高的关注度。

③酒店应积极地进行转发与评论，主动地搜索行业话题、热点，和用户开展亲密的互动。定期举办活动，给予充分的奖励，这样就可以在短期内实现粉丝数量的不断扩增，并使其保持较高的忠诚度。

④合理设置标签，微博会推荐有共同标签或共同兴趣的人，人们可以据此关注到一些自己感兴趣的酒店信息。

（3）注重广告发布技巧

酒店可以在微博平台上发布一定的广告，不会收取费用。在微博平台上发布促销广告，能够使促销效率呈现较大程度的提升，并不断提高销售量。若是始终在微博平台上发布有奖竞猜、打折促销等内容，尽管可以在短时间内取得不错的效果，却会对品牌形象的长期发展产生负面的影响。互动是让消费者保持持续关注热情的重要手段。微博平台表现出及时分享的特征，能够不断推进实时营销与持续营销。很多酒店会开展有奖竞猜、转发抽奖等形式的活动，但并未展现出鲜

明的创意性，无法持续地吸引消费者的目光。如果希望实现长期营销的目的，发布微博广告便应巧妙地使用技巧。例如，通过充满创意性的话题或活动使消费者积极参与互动，通过热点事件完成广告的植入等。从本质上来看，微博营销的价值体现在它打破了以利益为核心的交易方式，借助微博交流能使大众对品牌产生十分强烈的信赖，也有利于最终的销售。

（4）快速进行微博反馈

微博营销始终贯彻线上维护和线下宣传共同推进的理念，酒店能够借此获取有效的市场信息。微博营销关注的是营销在实时状态下的存在与持续，它要求酒店时刻关注消费者、粉丝谈论的话题与内容，关注品牌传播的方式，而且应在短期内给予反馈。因而，酒店应当派遣专业人士全天无间隙地维护官微，及时解答粉丝的困惑，处理其遇到的问题，让其感受到和酒店进行紧密接触的价值，形成强烈的信任感。此外，应对一切和客人有所接触的部门进行丰富的微博知识培训，使其通过接触客人的机会完成微博推广。

（五）酒店 App 营销

随着移动智能终端的不断普及，人们用手机就可以实时查询酒店信息，酒店的 App 展示了丰富的信息，为顾客查询信息提供一臂之力，受到用户的广泛欢迎。酒店 App 是为酒店开发的专属移动软件，既可以帮助顾客更好地享受酒店的内部服务，还可以促进酒店与顾客之间的有效沟通，提高顾客满意度。对此，不少酒店嗅到了其中的营销机遇，大力开展 App 营销。

酒店 App 营销具有如下几个特点。

1. 成本低

酒店采用 App 营销模式，只需开发一个适合于本酒店品牌的应用，这仅在推广的早期需要一点推广费用，相对于电视、报纸甚至是网络营销的费用来说这要低很多。

2. 信息全面

消费者能够借助移动 App 应用，充分掌握酒店产品的内容与信息，使其在购买产品前便深刻体会到产品的价值，减少顾客对产品的反感程度，产生较为强烈的购买意愿。

3. 帮助提升品牌实力

移动 App 应用可通过用户与酒店之间的相互联系，提升用户满意度，进而提升品牌实力。对于酒店来说，良好的品牌实力是酒店的无形资产，提升品牌实力无疑就是提高竞争力。

4. 增加顾客与酒店的黏性

App 营销具有较强的黏性，这主要表现在只要用户下载 App 到手机上，应用里丰富的任务与生动的竞猜便会对用户产生强烈的吸引力。此外，App 自身带有非常强烈的实用性，能够为人们的工作、生活带来巨大的便利。

三、酒店 B2B 电子商务平台营销策略

B2B（Business to Business）是企业之间的商务活动通过互联网进行，即商业机构对商业机构的电子商务模式。

B2B 不仅仅是把企业名录、商品目录放在网上，买方和卖方进行交易。因为 B2B 大致上由电子市场（E-market）和电子基础设施（E-frastructure）构成，它提供的商业机会远远超出了人们的想象。[①]

（一）B2B 电子商务平台的优点

1. 降低采购与库存成本

企业能够和供应商之间构建良好的电子商务体系，在网上以自动化的形式完成采购，这样能够缩减双方为了实现交易所投入的资金与资源。此外，采购方企业应当尝试着合理、有效地整合企业内部的采购体系，统一向供应商采购，以批量的形式完成采购，获得相应的折扣。

企业和供应商、顾客三者间搭建起企业间的电子商务系统，完成以销定产，以产定供，使物流得以高效运转、达到统一，并让库存得到最大程度的控制。例如，戴尔公司允许顾客在网络上订购货物，这样企业的业务流程便以便捷快速的状态实现运转，库存成本呈现明显的下降趋势。

2. 减少周转时间

企业还应当通过这一电子商务系统，让供应商和顾客直接交流，直接进行交

---

① 孔炯炯，潘辉，万超. 外贸网络营销 [M]. 上海：复旦大学出版社，2015：116.

易，有效缩减周转环节。以波音公司为例，其零配件采购于供应商，而大多数零配件都是在航空公司进行飞机维修时使用。为了使周转环节得到合理的缩减，波音公司凭借电子商务网站的构建，使其供应商和顾客实现了直接的交流，零配件的周转时间出现了较大程度的缩减。

（二）B2B 电子商务平台的营销策略

1. 引入数字酒店概念

电子商务不是简单地建立一个属于酒店自己的网站，而是通过网络将酒店内部的各种部门整合为一个有机的统一体，最大限度地发挥酒店的潜能。酒店开展电子商务，应当依照自身的特点，建立自身的局域网并与互联网连接，建立自己的共享数据库，将酒店的业务流程组织、整合在酒店内部的网上，实现业务的信息化。通过互联网的及时性、便捷性，在第一时间处理主要业务，最终形成数字酒店系统，最大限度地节约费用，提高效率。如果未建立相关系统，即使酒店构建自己独立的网站，其也仅仅是一个信息发布，只供顾客浏览的网页而已，无法全面发挥电子商务功能的优势。

2. 运用优良的电子商务中介

因为电子商务的出现，酒店中介的专业性得到了明显的提升。这便需要对电子商务中介予以全面、深入的整合，只有把电子商务中介整合到电子商务网站中，才可以让交易发挥作用。对电子商务中介进行整合，一定要将酒店内部信息化的成果整合至商务网站上。特别是中型、小型的酒店，由于自身不具备充分、优良的电子商务运作能力，因而对良好的电子商务中介予以合理的利用，往往可以得到事半功倍的效果。

3. 培养酒店电子商务专业人才

酒店如果希望取得良好的电子商务效果，一定要培养优秀的专业技术人员。不仅如此，更应当培养层次丰富的技术人员，酒店应当投入大量精力培养不仅精通旅游电子商务技术，而且对管理、商贸等各方面知识都融会贯通的优质人才。酒店员工的计算机应用素质会对电子商务系统发挥的效果产生十分显著的影响。酒店应当对操作人员予以精细的分工，将操作人员划分为初学型、熟练型与专家型几种类型。酒店可以将专业技术掌握程度良好，具有较强创新能力的员工的培养纳入酒店培训计划里。

4.搭建优良可靠的网络支付体系

酒店应该和银行开展密切的合作，积极推进电子支票、信用卡等电子支付方式的普及，让网上付款的安全性与便捷性都得到提升。与此同时，酒店要和旅游电子商务的需求密切结合，合理地、有针对性地制定相关规则，形成行规；对于旅游电子商务发展过程中需要予以解决的问题，可以先通过有关部门进行规章制定以后试行；对国外相关法律制定的经验予以借鉴，注意与国际标准保持一致，同时也要和中国国情紧密结合。同时，酒店网上论坛与网上黑名单的构建也十分必要。构建酒店网上论坛能够使各个酒店间的交流更加密切。定期上传酒店黑名单，能使消费者了解到相关酒店存在的问题，并进行合理防范。消费者也能够以顾客的身份参与其中，一起推动旅游电子商务信用度和安全度的提升，转变传统消费理念，更加信任网上消费。

四、顾客关系策略

随着网络的融入，酒店顾客的分布打破了时间与地点的界限。通过怎样的方式和世界范围内的顾客群体构建密切的关系，对顾客的特征、动态和发展趋势做出精准的预估与评析，构建良好的企业形象，使顾客对虚拟企业和网络营销表现出信赖感，这些属于网络营销取得良好效果的重要条件。

互联网技术是对顾客关系予以管理的重要力量。以互联网为基础的目标市场、用户特征、产品类型都会和传统时代的表现出显著的区别，酒店应当对互联网技术予以全面、深入的利用，创新营销方式，打破时空、文化的限制，重构顾客和酒店间的关系，和顾客进行深入的互动交流。

（一）建立网络客户服务系统

实行网络营销，能够促使酒店构建起良好的客户关系管理体系，并拥有较高的客户服务质量。在信息技术高速发展的背景下，酒店凭借网络能够较为便捷地构建起在线客户服务系统，通过一系列环节把握顾客的需要与消费心理，和顾客形成稳定、持久的互动关系，提升顾客对酒店的满意度。

（二）建立网络客户交流体系

真正意义上的顾客关系管理，一定要深入顾客的内心，充分开发顾客的想法与渴求，契合企业价值观，这样才能充分关注顾客的需要。由于网络营销信息表现出双向、互动的特征，这样便可以实现顾客切实参与到企业整体营销中的目的，且顾客会在参与的过程中表现出更加强烈的主动性与选择性。因而，酒店应当尽快构建网上交流体系，凭借网络平台使企业内部、供应链、客户间形成更加便捷、密切的沟通方式，在最短的时间内收到供应链与客户的信息反馈，让管理层能够与供应链、客户展开密切且直接的联系。此外，酒店应在极大程度上利用获取的信息，依据顾客的爱好，设计出能够满足其需求的产品和商业流程，和顾客之间形成更加良性的互动；最终使顾客获得良好的消费感受，并对其他消费者产生一定的影响，取得良好的营销效果。

（三）建立网络客户关系数据库

客户关系管理的意义在于通过信息科技让顾客得到完备、值得信赖的信息，从而保证酒店设计的商业流程顺利开展，和顾客形成更加密切的互动，使酒店与顾客实现互利共赢。网络营销的酒店竞争将顾客作为核心竞争要素，力争赢得更多的新顾客，并保持老顾客的忠诚度，不断扩增顾客群体，形成非常密切且直接的顾客关系。如果酒店希望达成这个营销目的，便应当主动地参与到网络客户关系数据库的建立中，使顾客获得相关商品的信息，和顾客形成双向的互动交流。凭借搜集、累积和消费者相关的丰富信息，完成对客户消费的分类与分级，并在详尽、充分地掌握消费者资料的条件下，使顾客获得具有浓厚个性色彩的服务与营销，实现"一对一"的顾客关系管理。数据库营销的实行也具有较大的意义，能够使酒店对顾客的需要给予及时有效的反馈，具有针对性地改变营销策略，协调策略的合理实施，使酒店表现出更加鲜明的竞争优势。

五、价格策略

在酒店营销过程中，价格是非常敏感的一个要点。采用网络营销的方式，不仅能够使顾客非常清晰地了解酒店的产品价格，还能使其竞争者也掌握酒店的产品价格。具体而言，酒店产品网络营销的价格策略应当从下面几个方面着手。

（一）科学定价

由于网络营销的人力成本与促销成本都相对低廉。酒店应当对酒店产品的价格予以下调。而且因为网上价格呈现出公开化的特征，顾客可以较为便捷地了解其他相同类型的客房，因而酒店应当更加公开、透明地设定酒店产品价位，构建起科学的价格解释体系，让顾客了解产品的定价过程，赢得顾客的信赖。

（二）灵活变价

由于互联网酒店产品的价格特别是客房价格并非固定不变，相关行业对其产生的影响也十分显著。网上客房价格调节系统的构建便显得十分必要。根据旅游的火热程度、市场供需情形、竞争酒店的价格变化等因素，在计算盈利最大化的前提下自动、合理地调整价格，而且通过提供优化、给予折扣等方式来招徕顾客。

（三）弹性议价

弹性议价并不是酒店和顾客在互联网平台上反复商议价格，酒店也应当杜绝与顾客在互联网平台上反复商议价格。互联网呈现出交互式的特征，酒店对此应当予以合理充分的利用，和顾客探讨出一个较为恰当、符合市场规律的价格，使顾客在预订的时候输入自身可以接受的价格区间、客房的位置、环境等资料，酒店再按照这些条件为顾客提供与之相匹配的客房。

六、网络广告营销策略

网络广告是指以数字代码为载体，采用多媒体技术设计制作，通过互联网发布传播，具有良好交互功能的广告形式。具体而言，就是企业通过网站上的广告横幅、文本链接等方法，进行互联网广告的发布，再凭借网络这一媒介将信息传达至广大用户手中的广告运作方法。相较于传统媒体，网络广告表现出更加强大的作用，是一种较为先进的营销手段。

（一）网络广告的特点

1.传播范围具有广泛性与开放性

网络广告能够借助互联网为处于世界各地的人们全天无间隙地提供丰富的广告信息。它打破了时空的界限，能够取得远远超越传统媒体的广告效果。此外，传统广告表现出十分明显的限制性，而网络广告则呈现出开放性、无强迫性的特质，使广告主不断削减对广告受众的控制程度，这和传统传媒表现出了实质性的差异。

2. 能够实时、可控地传达信息

信息传达表现出实时性的特征，具体体现在广告信息的发布与受众反馈两个层面。由于网络广告的制作时间较短，即便是在非常短暂的周期中予以投放，也能够按照客户的需求在短时间内完成制作，传统广告的制作需要耗费较多的资金，投放周期呈现出固定性的特征。并且，传统广告一旦发布，修改起来便显得异常困难，往往需要投入更多的经济成本，网络广告能够根据客户的需求对广告内容予以适当的改变或替换。

（二）酒店网络广告的可利用形式

互联网上资源丰富，对于酒店来说，有很多免费的网络广告可以利用。具体形式有：

①将信息免费发送到各大知名信息类网站，如赶集网、口碑网、天涯分类信息、58同城网，等等。这类网站目前并没有收费，有大量的用户群体，其信息是时时更新的，酒店经营者如果能经常在上面发布信息，则能保证自己的信息排在最前面，从而被更多用户看到，也能在很大程度上提升酒店的知名度。

②在知识类网站中登录，如百度贴吧、天涯问答、新浪爱问，等等。酒店经营者可以主动将酒店的相关问题以自问自答的形式发布出去，或者经常做一些关于酒店或相关信息的咨询，并主动回答问题，提高酒店的知名度。

七、新型营销策略

（一）酒店客房+航空公司机票打包

随着国民经济的发展，旅客出行逐步由商务出行向休闲出行转变，酒店可以通过将酒店客房与航空公司的机票进行打包的方式来销售，为自己带来新的利润增长点。酒店如何结合机票产品的销售，给旅客推荐更优惠的打包服务，吸引更多旅客入住酒店，提升酒店的销售能力，成了酒店提升营业额的一种销售方式。

这一策略的核心是根据旅客输入的购买机票的行程信息，结合旅客的常旅客会员信息以及过往出行记录的数据分析，对酒店进行排序和过滤，通过打包优惠规则进行打包处理，优先推荐给旅客酒店+机票打包产品，实现在旅客购买机票的同时，给旅客推荐更优惠更适合的酒店客房 + 航空公司机票的打包产品。[①]

（二）酒店 + 直播营销策略

当前是一个全民直播的时代，直播打破了时空和信息的壁垒，帮助酒店传播品牌、带来流量、吸引客户。互联网时代，越来越多的酒店经营者意识到，直播将会是未来互联网最丰富、最强有力的表达方式。

通过直播平台，客户可以直观地跟随主播的镜头了解酒店的设施与服务，还可以与酒店直播人员进行交流互动。

酒店在运用直播销售的营销策略时，需要注意以下几点。

①在线下广告中告知直播的具体时间与直播预订提供的优惠，通过这样的方式，能够让用户对观看直播产生强烈的兴趣。

②直播时应当与观众开展良性的互动，应当提取出酒店的特色进行宣传，这样可以取得更加优良的宣传效果。

③可以合理、恰当地与入住客人展开良好的互动，邀请其讨论入住的感受，通过口碑引导大量潜在的用户转化为实际用户。

④直播应当定期开展，从多个层面进行全方位的宣传，直播的风格应当与酒店表现的主题相吻合。

⑤直播中应当提供一定的优惠券，让用户体会到实质性的优惠，并立即预订，从而完成转化。

[①] 李雄清，熊铭，徐达，等 . 一种航空公司机票 + 酒店打包推荐方法的研究和实现 [J]. 电子测试，2020（16）：54.

第四章 "互联网+"背景下的
酒店新业态——智慧酒店

智慧酒店是一个新业态的概念，随着互联网时代的到来，酒店行业正日益广泛地采用互联网信息技术手段，酒店智能化逐渐成为未来酒店行业的发展方向。智慧酒店既是酒店行业的新业态，也是旅游业发展的趋势所向。本章回溯历史，梳理智慧酒店的产生和发展历程，在广泛借鉴、参考国内外相关研究文献和资料的基础上分析智慧酒店的概念、特征和应用系统架构，并针对当前智慧酒店发展中存在的问题提出应对措施，最后举例论述具有代表性的智慧酒店建设的具体情况。

第一节 智慧酒店的产生与发展

一、智慧酒店的产生

根据我国智慧酒店的发展历程，可以将智慧酒店的产生划分为三个阶段：第一阶段，酒店信息化；第二阶段，酒店数字化；第三阶段，酒店智能化。

（一）酒店信息化

我国酒店业信息化起始于 20 世纪 80 年代。1982 年，浙江省计算技术研究所开始研发我国第一套酒店管理系统（Property Management System），简称 PMS，并于 1984 年在杭州饭店试用（后来被香格里拉酒店接管并融入了国外技术）。虽然这套 PMS 的主要功能仅包括前台接待和排房处理，功能比较单一，但是它开了中国酒店业自主研发酒店信息管理系统的先河。1983 年，北京丽都假日酒店在全国率先引进假日集团 PMS 和基于电话网络的全球 HOLIDEX 预订系统。酒店信息化属于企业信息化，是充分利用信息技术，开发利用酒店内外部的信息资源，促进酒店员工、管理层与顾客之间的信息交流和知识共享，增加酒店服务产品类型并提升其服务质量，优化酒店资源配置，提高管理效率，及时发现并切实满足顾客需求，从而实现酒店经济与社会效益的最大化。总的来说，酒店信息化建设主要经历了以下 3 个阶段。

1. 前台系统的普及阶段

20 世纪 80 年代，我国的酒店行业进入了前台系统的普及阶段。在这个阶段，酒店业开始普及应用前台软件、中央预订系统（Central Reservation System，简称 CRS）等前台软件，实现客房预订、前台登记、餐饮消费、客人挂账、前台收银等主要功能，房态统计、财务报表等烦琐的事务性工作和枯燥的手工劳动也逐渐被计算机系统取代。截至 20 世纪 80 年代末，全国共有 30 多家涉外饭店安装了 PMS 和 CRS。

酒店 IT 部也称为数据处理部门，其通过对酒店业务流程中的物流、资金流和信息流进行计算机化的输入、存储、处理和输出，利用计算机系统处理简单、琐碎、重复性的工作，从而提高了酒店前台的服务效率，避免了人工失误，并且提高了服务质量与管理水平，也降低了成本。但是，这一阶段的信息化建设不能从深层次上改变酒店内部的传统管理流程。

2. 后台系统的普及阶段

20 世纪 90 年代是我国酒店行业后台系统的普及阶段，一方面，酒店二线部门，如人事部、财务部、采购部等部门引入人力资源管理系统、财务管理系统、采购库存管理系统等信息管理系统，工程部、保安部、行政部等部门引入通信系统、暖通系统、给排水系统、供配电与照明系统的监控、火灾报警与消防联动控制、电梯运行管制、门禁系统。办公自动化与智能楼宇监控管理等方面的信息技术应用提高了酒店整体的管理效率，并且降低了行政开支；另一方面，在公安、税务等政府部门的要求下，酒店开始普及后台管理的信息化。例如，公安部规定酒店必须设立入住客人身份信息的报送系统，财政部要求报表采用信息化系统。截至 20 世纪 90 年代末，我国几乎所有酒店都不同程度地实现了饭店后台管理的信息化与办公自动化。

3. 协同系统的发展阶段

从 21 世纪开始，我国酒店业进入了协同系统的发展阶段，为了更好地整合、共享内外部资源，更快地满足顾客的个性化需求，酒店纷纷以服务与管理的业务流程再造为基础，开始建设基于互联网提供在线服务与管理的信息平台，即通过建立网站打造实时预订平台、采购库管平台、收益管理系统，以及顾客关系管理系统等。在酒店网站这个统一的信息应用平台上，顾客、酒店员工、供应商与合作伙伴等各方能够实现跨地区、实时在线的、端对端的业务协同运作。

（二）酒店数字化

酒店数字化是随着社会信息化的发展而逐步发展起来的。随着信息科技的不断发展，我国酒店业面临着巨大的机遇。在数字化已经成为人们日常生活中不可或缺的时代元素的背景下，酒店的经营管理者面临着酒店客房的数字环境如何建设、如何通过数字化手段满足客人对数字服务的需求等问题，以求在未来的角逐中占得先机。酒店服务建设从"信息化管理"向"数字化服务"转型，已经成为酒店管理者和业内专家的共识。酒店数字化就是将酒店内外部复杂多变的信息转变为可以预测的数字、数据，再以这些数字、数据建立起适当的数字化模型，利用计算机技术对这一模型进行加工处理，从而更好地服务顾客，实现社会效益和经济效益的双丰收。

（三）酒店智能化

随着科技手段和管理理念的发展和更新，智慧酒店在云计算、物联网、移动通信技术和人工智能的不断整合和集成中应运而生。"智慧酒店"这一综合概念的提出，给酒店业带来经营管理理念的巨大变革。IBM（美国国际商业机器公司）提出，酒店智能化（智慧酒店）是以通信新技术、计算机智能化信息处理、宽带交互式多媒体网络技术为核心的信息网络系统，能为消费者提供周到、便捷、舒适、称心的服务，满足消费者对个性化服务、信息化服务的需求，是 21 世纪新经济时代酒店业发展的方向。智能化的酒店管理使效益与效率大幅度提高，有利于提高酒店的核心竞争力。

酒店最重要的产品是客房服务，所以酒店工作中最关键的一步是客房管理。由此可见，酒店智能化发展的工作重心应致力于将客房智能化。为了让酒店为客人提供便捷服务，提升酒店管理客房信息的能力，以及酒店服务质量和管理效率，国家旅游局倡导酒店行业要积极应用智能产品，为顾客营造安全舒适的住宿环境，并从智能电话、多媒体互动电视、客服管理、智能管理系统等方面对酒店客房智能化建设做了相应规定。

随着旅游行业中互联网电子信息技术的发展，酒店的智慧化发展将出现以下六个特征：其一，基于地点和内容的信息获取，如通过谷歌地图来为顾客提供更充分的酒店信息；其二，物联网环境下的酒店生活，随着物联网在酒店的普及，酒店的产品和服务将更加丰富；其三，旅游者体验，通过更高效的网络服务，为旅游者提供更加个性化的信息和体验；其四，通过数据挖掘和存储等技术来丰富和延伸旅游信息，使客人获得更好的旅游体验；其五，旅游者实时连接，客人可以通过新一代无线通信工具，与酒店实现 B2C（企业 — 消费者）的实时无缝连接；其六，社交媒体将成为酒店营销的主要工具。

二、智慧酒店的发展

（一）智慧酒店发展的技术背景

目前，移动互联网、云计算、物联网、移动位置服务、人工智能等信息技术的迅猛发展，为智慧生活提供了必要的技术支持，也为智慧酒店发展提供了硬件支撑。智慧酒店发展的技术背景主要有以下五点：

其一，互联网技术。互联网指按一组通用的协议实现网际互联，逻辑上形成单一庞大的国际网络。互联网技术是智慧酒店的坚实基础，覆盖了智慧酒店建设应用的全过程。

其二，云计算技术。云计算技术指基于互联网相关服务的累积、使用和交付模式，是新一代互动服务平台，依据显示、流媒体呈现技术和网络通信技术，可以实现酒店电视、网络多媒体和交互服务的完美结合。

其三，物联网技术。物联网是在互联网基础上对用户端物品进行延伸和扩展，实现信息交换和通信，达到物物相息。物联网技术可以实现身份安全识别，照明、空调、窗帘、报警等智能物联，可以实现传感终端软硬件产品的资源整合。

其四，移动通信技术。移动通信技术物联网的一种连接方式，是基于智能手机、高速宽带、移动接入、高智能化的一种网络形态，可实现酒店客房移动服务终端、顾客手机、平板电脑等移动终端的便捷使用。

其五，人工智能技术。人工智能技术是一门研究并开发用于模拟、延伸和扩展人的智能的理论方法、技术及应用系统的新的技术科学。智慧酒店基于大量的移动机器人进行客房清理、餐饮、布草服务等，可以有效降低人力资源成本。

（二）智慧酒店发展的现状

综观国内酒店行业的发展情况，许多规模较小的独立酒店才刚刚开始朝着智能化的方向发展，一些公寓酒店甚至还在采用传统的管理模式，而多数星级酒店（一般指三星级以上）或大型连锁酒店已经发展到了网上预订的阶段。这些大型酒店虽然投入了大量资金来升级酒店的硬件和软件设施，但其智能化的结果逐渐降低了经营成本，而且使酒店在获得服务质量提升的同时，增强了自身在酒店行业中的竞争力。但是，目前国内进入全面智能化服务阶段的酒店寥寥无几，由于酒店内外部业务的电子化衔接水平较低，能够实现电子化采购的酒店屈指可数，尤其是小型独立酒店的低信息技术应用能力对国内酒店行业的智能化提升造成了一定的影响。随着智慧旅游的发展推进，智慧酒店的发展建设已逐步展开。通过对不同酒店智慧化建设的内容和项目进行比较分析发现，现阶段智慧酒店的发展建设主要集中在提升顾客的入住体验和对接顾客的消费方式两个方面。

1. 提升顾客的入住体验

当前智慧酒店发展建设的项目大多围绕提升顾客的入住体验展开，其主要集中于自助入住系统、公共环境控制系统和智能客房系统等方面。当前智慧酒店的发展建设以大品牌、高星级酒店为主，其在智慧化建设的过程中，主要以提升顾客体验、优化品牌形象和助力酒店营销为目标。

（1）自助入住系统

自助入住系统能简化入住程序，避免排队等候，能为顾客带来便捷。自助入住系统包含自助退房的功能。顾客到达酒店之后，通过酒店提供的自助入住系统，能够自助办理入住手续，包括身份识别、客房选择、便捷支付等内容；或者在到达酒店之前，通过智能手机、平板电脑等智能移动终端设备自助办理入住手续。

（2）智能客房系统

智能客房系统主要是对客房环境、多媒体系统等进行智能控制。智能化、人文化的元素，使得酒店服务彰显人文关怀和时尚感，凸显了智慧酒店的服务魅力。以智尚酒店品牌为例，其主打科技、时尚和健康概念，以智能化为主要亮点，强化客房服务体验。顾客在进入客房后，通过智能手机、平板电脑等智能设备扫描房间内的二维码进入酒店顾客端，即可对灯光、温度、窗帘、无线网络和娱乐中心屏幕等进行掌上控制。例如，客房内的传感器通过智能感知自动打开照明系统，在顾客离开时自动关闭照明系统；浴室里的灯光模式（如神秘、浪漫等）也可以通过手机进行智能控制；提供温馨惬意的唤醒服务，如房间的灯光逐渐亮起、新风系统进行换风、遮阳窗帘自动打开、轻柔的虫鸣鸟叫声逐渐响起、电视开始自动播放节目等。

（3）环境控制系统

环境控制系统是对酒店公共空间的温度、湿度、照明、空气质量等进行智能控制，为顾客创造安全、舒适、温馨的生活和休息环境。

2. 对接顾客的消费方式

随着智能手机、平板电脑等移动终端设备的广泛应用，网上消费、在线支付发展兴盛，新的消费方式和消费习惯逐渐产生和形成，智慧酒店也通过对接顾客的消费方式，实现信息推介、智慧营销和顾客关系维护。尽管当前智慧酒店的发展建设主要围绕提升顾客的入住体验展开，但更多的酒店在智慧化建设中，以对接顾客的消费方式为重要抓手。智慧酒店的发展建设，需要系统的解决方案，IBM推出了智慧酒店的五大解决方案，具体如下。

（1）云计算

对酒店数量众多且极度分散的电脑进行集成管理，从而提高管理水平、强化数据保护、简化整体部署、降低运营成本。

（2）融合网络

建设网络，同时支持移动通信、网上消费、管理办公、互动视频等多种业务，避免多网共存、重复建设、维护困难、成本较大的弊端。

（3）无线入住登记

通过酒店提供的无线联网的智能终端设备，如平板电脑等，顾客只需在触摸屏上签字或填写信息，即可轻松入住。

（4）自助入住系统

通过自助登记设备办理登记入住和酒店退房手续，如果顾客自驾进入酒店，则可在进入车库时办理自助入住手续。

（5）机房集中管理

该方案主要针对在连锁酒店中各个酒店建立独立的计算机机房，造成庞大的人力成本和运营维护成本的现状。机房集中管理将分散在各个酒店的计算机机房集中起来，建设成一个大的计算机机房，各个酒店只需通过网络连接大的计算机机房，就可以进行正常的酒店业务管理，从而节省人力成本和设备维护成本。

除了上述最重要的两个方面以外，智能管理系统也是当前智慧酒店发展建设的重要内容。智能管理系统能够实现顾客信息管理、终端设备管理、开房业务管理、营销数据管理等功能。通过顾客信息管理，了解顾客的基本资料、消费特征和个性化需求，便于酒店针对性地提供个性化服务；通过终端设备管理，能够查看每台终端设备的运营数据，实时掌握终端设备的运营状况；通过开房业务管理，能够对房间开设、房间退换和房间结账等业务进行管理；通过营销数据管理，能够查阅和掌握系统平台的运营数据，为市场营销提供依据。

（三）智慧酒店发展的研究概况

酒店业向来是旅游业的支柱产业之一，因而作为智慧旅游的一部分 —— 智慧酒店也自然而然地引起了业界学者的关注。目前，智慧酒店发展的相关研究涉及以下 4 个方面。

1. 智慧酒店的发展建设

国内对智慧酒店发展建设的理论研究主要有以下几个具有代表性的观念：史伟婷[①]在分析智慧酒店的理论研究和实践探索的基础上，以智慧旅游的核心技术为工具，对这些技术进行整合和利用，提出智慧酒店建设的相关建议。程善兰[②]认为大数据是酒店智慧化发展的有效助力，随着大数据时代的到来，智慧酒店将越来越受到重视。其以苏州酒店智慧化的建设为基点，认为苏州酒店业应借助大数据，注重酒店数据规范化建设，加快制定智慧酒店规范化标准，并依托"苏州智慧旅游行动计划"，加速对共享融合的基础平台的建设，从而有效助推苏州酒店智慧化的发展。蔡蓉蓉[③]从智慧酒店的概念出发，探讨智慧酒店的表现形式，并通过对南京智慧酒店的发展现状进行实地调查，发现智慧客房建设水平较低且参差不齐，智慧酒店的建设缺乏统一标准，智慧酒店与智慧旅游的对接未形成规模效应。其还指出，南京智慧酒店在未来的发展中将出现规范化与规模化同时展开、智慧营销方式更加多样化、智慧客房进一步升级、结算方式更加多样化、管理系统更加智慧化的趋势。

---

① 史伟婷 . 基于智慧旅游核心技术下的智慧酒店建设浅谈 [J]. 青年科学（教师版），2014（8）：13.

② 程善兰，卜燕红 .DT 时代背景下酒店智慧化建设探析 [J]. 对外经贸，2016（8）：69.

③ 蔡蓉蓉 . 智慧酒店人才培养机制探讨 [J]. 江苏科技信息，2014（20）：77-78.

2. 智慧酒店的人才培养

国内对智慧酒店人才培养的理论研究主要有以下具有代表性的观念：王琳、邱小樱[①]通过分析酒店管理专业教育过程中存在的问题，结合智慧酒店的发展对酒店专业人才需求的新变化，对智慧酒店人才的培养进行初步探讨，以期克服高职高专酒店管理专业人才供需错位的矛盾。顾婷婷等[②]以南京为研究的落脚点，认为南京智慧旅游的建设改变了南京酒店业的经营环境和运营方式，给南京酒店业的发展带来机遇，酒店是否能够抓住这一机遇关系着其在市场竞争中的成败，而决定这一成败的关键是是否拥有一个适应智慧旅游发展的人力资本体系。他们认为，南京酒店业必须结合智慧旅游的内涵特征，根据酒店的实际情况及时对人力资本进行合理开发。另外，在具体的开发过程中要根据不同类型的人力资本的特征进行区别对待。

3. 智慧酒店的技术应用

智慧酒店的技术应用研究主要集中在客房智能化系统上，王文佳[③]提出智慧酒店与智慧停车场的推广与应用，将使人们的生活更便利、更舒适、更精彩。他认为，智慧酒店的系统应包括个性化服务系统、智慧管理系统、智慧经营系统、智慧安防系统，并对每一具体的系统所运用到的技术进行相应的阐释。岑香花等认为，五星级酒店房间的智能设计是客人对酒店认可度的重要体现，其结合某五星级酒店设计实例，针对房间中的智能设计措施展开探讨，为同行提供借鉴。叶建云[④]以某酒店为例，通过对业主指定的标准间客房进行用电设备能耗分析，利用智能化控制技术并结合节能管理措施，按照业主提出的节能目标进行精细化节能规划设计。段秀民[⑤]指出酒店客房智能化是未来酒店的必然发展趋势，为了进一步提升星级酒店管理水平、提高宾客满意度、把握全局信息、实现科学决策，必须对酒店客房控制管理系统提出更高的要求，并结合北京益田影人花园酒店的智能房控系统，对酒店客房智能控制系统进行了设计探讨。

---

① 王琳，邱小樱. 基于智慧酒店发展需要的酒店管理专业人才培养分析 [J]. 太原城市职业技术学院学报，2014（7）：140.
② 顾婷婷，蔡蓉蓉，潘鸿雷. 智慧旅游背景下南京市酒店业人力资本开发研究 [J]. 商业经济，2013（22）：64.
③ 王文佳. 智慧酒店与智慧停车场分析 [J]. 中国公共安全（综合版），2014（11）：86.
④ 叶建云. 智慧酒店客房精细化节能设计 [J]. 智能建筑，2013（4）：69-73.
⑤ 段秀民. 酒店客房智能控制系统设计探讨 [J]. 建材与装饰，2012（25）：19.

4. 智慧酒店的设计规划

智慧酒店的设计规划研究主要针对酒店智能系统的设计,例如,酒店智能照明控制系统的设计、酒店智能点菜系统的设计、酒店客房智能控制系统的设计,以及酒店餐饮智能订餐系统的可行性研究等方面,这些研究多数集中在技术层面。王琳[①] 则对智慧酒店核心价值体系的构建进行研究,并对其发展趋势进行展望。她认为,酒店管理服务的智能化发展将成为酒店竞争领域的新课题,是未来酒店行业转型升级的关键举措。通过科技平台、个性化服务平台以及综合服务平台三大平台打造智慧酒店核心价值体系的亮点,可有效推进酒店产品的深度开发和信息资源的有机整合,并指出智慧酒店已成为酒店行业中不可逆转的发展趋势。分析智慧酒店建设实践和理论研究现状,提出智慧酒店建设常规设施和基本服务的内容,为智慧酒店智能系统、智能云服务和智慧管理提出解决方案。

还有学者研究物联网在智慧酒店管理中的应用,认为物联网在酒店管理中的应用主要体现在游客智能住宿和酒店智能管理这两方面,其以网络通信技术为基础,结合传感技术、信息融合和处理技术、计算机技术等来实现酒店智能、快捷和高效的管理,并为游客提供人性化的服务,提升游客的食宿满意度。陈立群[②]认为,要扩大"智慧"的应用范围,建立快捷方便的预订和入住体系,设计上要"以人为本",集团化集中管理,加快人才培养。他基于智慧城市的理念对现代酒店业的发展进行相应的探讨,提出物联网、云计算、信息智能终端等新一代信息技术在酒店业的应用将推进现代酒店的智慧化发展,酒店业发展史上最大的变革即将拉开帷幕,酒店和酒店业管理者们须高度关注和重视,他分析了酒店智慧化的发展现状,并提出智慧酒店发展的建议。

(四) 智慧酒店发展的未来趋势

从目前酒店的发展来看,一个个信息独立、管理独立、发展独立的酒店将会逐渐打开大门,互相合作,最终联结成一个互惠互利的信息化集群,即从信息孤岛跨越到信息大陆;从管理方面来看,智慧酒店的信息和服务管理将从以计算机或电话专线等有限技术为依托转向以无线技术为主;从反馈信息方面来看,传统酒店接收反馈信息既不及时又比较被动,而智慧化升级后的酒店则可以实时接收顾客的反馈信息,并且可以与之进行互动交流,给顾客的体验感更强。相信在不

---

① 王琳,邱小樱.基于智慧酒店发展需要的酒店管理专业人才培养分析 [J].太原城市职业技术学院学报,2014(7):142.
② 陈立群.基于智慧城市理念的现代酒店业发展探讨 [J].企业导报,2014(5):73.

久的将来，国内酒店会凭借自身的优势，加快智慧化建设进程，逐步赶上并超越国际先进水平。

想要在激烈的酒店竞争市场中占得一席之地，就必须把握住技术创新这一难得的机会。换言之，酒店管理者必须懂得未雨绸缪，要有敏锐的眼光，要看到酒店智能化发展的趋势，将管理创新和个性化服务作为酒店管理的工作中心，努力提升酒店的智能化建设。下面从酒店管理和客户服务两个方面来分析酒店的未来发展。

①酒店管理。随着社会的发展，电子化的运用和智能化的管理将是酒店发展的重点。无论是独立酒店还是大型连锁酒店都将与互联网紧密联系在一起，建立集前台、财务、物流、顾客等多方面管理于一体的高效便捷的体系，全网覆盖营销，提升品牌效应，提高自身在产业中的竞争能力。

②客户服务。随着信息技术的发展、无线网络的全面覆盖，以及智能通信、智能安防、智能预订等便捷的个性化服务纷纷推出，客户在舒适的环境中感受到了科技的魅力。可见，未来的酒店业，其客户服务将会有更高效的服务效率和更好的服务品质。

第二节　智慧酒店的概念与特征

一、智慧酒店的概念

智慧酒店，也经常被称为智慧饭店，是将以物联网、云计算、移动互联网、信息智能终端等为代表的新一代信息技术应用于饭店服务、宣传、运营、管理等各个环节，以期提高酒店的信息化水平，实现酒店整体的智慧化、低碳化、人性化。各类技术的综合运用，是保障智慧酒店运营发展的前提和基础。智慧酒店发展建设的前提是新一代信息技术的发展，其包括互联网、物联网、云计算、移动通信技术、射频识别技术、智能技术等。智慧酒店发展建设的目标是为顾客提供高品质、高满意度的服务，通过高品质服务实现高满意度。所谓高品质，既包括硬件设施的质量，又包括配套服务的水平，还包括酒店消费的体验，三者协同构成酒店品质；所谓高满意度，是指顾客在酒店消费的综合满足程度。

系统化管理能够实现酒店运作的整体联动，集约化管理能够助力酒店运作的经济、高效和便捷，智能化管理能够提高酒店设施、设备的智能化水平。智慧酒店的发展建设需要对资源、信息、设施和服务等进行系统化、集约化、智能化管理。智慧酒店的发展建设包括四个方面的内容，即酒店消费、酒店服务、酒店运营和酒店管理的智慧化。随着信息技术的发展提升和应用普及，智慧酒店的发展建设也不断提升。智慧酒店的发展建设是一个动态前进的过程，通过新一代信息技术的发展应用，引导酒店管理、消费、运营的更新升级。智慧酒店的主要目标有以下四点。

（一）服务顾客，创造价值

随着经济社会的发展、消费方式的改变，人们对酒店服务和酒店品质提出了更高的要求。传统意义上的酒店信息化建设，在酒店预订、入住、结算、账目等方面基本能够满足酒店现代化管理的需要，通过线上预订、电话预订、智能结算、顾客管理等系统，能够为顾客提供一定的便利，满足顾客的基本需要。在酒店信息化建设的基础上，智慧酒店建设成为必然。智慧酒店的核心竞争力是智慧服务，这种服务是通过运用知识和创造知识达到知识产品的利润最大化，也就是酒店通过智慧化的技术手段为住店客人提供个性化的服务体验，满足客人的个性化需求，实现产品的利润增值，使产品价值与服务品质得到极大的提升。

智慧酒店的建设体现在酒店的产品、服务、环境等方面，从而真正服务顾客，为顾客创造价值，因为顾客满意是酒店长期可持续发展的重要前提。智慧酒店的首要目标是服务顾客，通过提升顾客的入住体验，为顾客创造价值，进而提高顾客满意度。为了实现顾客服务优化升级，智慧酒店的发展建设应主要从以下方面展开：一是酒店产品的智慧化。例如，智慧客房系统、智慧餐饮系统等，这些是酒店的核心产品，也是顾客体验的关键所在；二是入住系统的服务。通过智能入住系统、智能结算系统等方便顾客办理入住和退房手续。

（二）提升形象，助力营销

智慧酒店要面对云服务、智能终端、移动互联网等大数据的挖掘分析，利用信息整合有效开展智慧营销。智慧营销是以顾客为中心，以顾客需求为动力，促进商业的价值取向，规划设计智慧化的商务模式，实现企业在营销、管理上的智慧转型，发挥可持续的竞争优势。酒店从业人员应创新智能化营销理念，不断拓展智能化营销渠道，注重智能化营销推广，与酒店上下游产业链达成战略合作，提高酒店营销能力，使智慧酒店在产品体验、服务水平、管理效率等方面更具优势，特色鲜明。

智慧酒店的发展建设能够直接提升企业形象，包括外在形象、产品形象、服务形象、精神形象等，充分智慧的酒店能够给人以"新潮""智能""品质""时尚""酷炫""人文""舒适"等体验，从而树立酒店在社会大众中的美好形象，将酒店的优美形象展示给社会公众，通过品牌效应和口碑效应助力酒店营销。智慧酒店的发展建设在旅游业内属于新潮和热点，通过智慧酒店的建设，能够在经营管理、产品服务和基础设施等方面提升酒店的整体水平。

智慧酒店发展建设的重要目标是提升酒店形象和助力酒店营销，通过营销又能促进酒店经济效益的提升。智慧酒店的管理者可在微信、微博等社交媒体上与顾客进行互动，在互动沟通的过程中，将其节庆活动、优惠措施、特色产品等推介给顾客，维持与顾客的良好关系。

（三）优化管理，强化运营

智慧酒店管理者应在各方面管理、优化、改进的基础上，将酒店的管理进行集成，构建统一的信息和网络平台，通过酒店整体的信息平台和一体化办公系统，对库存、采购、设备等进行集中管理和智能监测，实现酒店资源、信息、人员、设施等的一体化和联动化，从而强化酒店整体的智慧运营。智慧酒店的管理可从以下方面优化：

其一，顾客关系管理。智慧酒店能够与顾客进行充分互动，维持与顾客的良好关系。

其二，人力资源管理。对酒店各工作岗位人员进行管理，能够更准确地对工作绩效等进行考核，从而有助于提高各岗位工作人员的工作积极性。

其三，酒店信息管理。酒店的信息主要包括酒店产品、设施、服务等方面的信息，便捷、畅通、准确、及时的信息管理有利于管理人员及时对酒店管理进行分析总结，从而迅速采取纠偏措施和改进策略，避免不良事件对酒店造成的恶性影响。

智慧管理是企业对各类管理需求进行智能处理，提供资源配置、数据整合、信息管控和智能决策，酒店的各项管理业务需要运用智能化的处理技术进行智慧化的管理，最终实现管理水平质的飞跃。如何提高酒店的服务质量、提升酒店品质对酒店经营管理来说至关重要。

（四）缩减成本，增加效益

智慧酒店发展建设的重要目标应当是促进酒店的长期健康发展、缩减运营成本和增加综合效益。因此，从长期来看，智慧酒店所节省的成本将多于智慧酒店建设的投入。此外，由于智慧酒店建设而使得酒店形象优化提升，以及由此带来的顾客和价值，也将为酒店发展带来巨大的效益。尽管在智慧酒店的发展建设中需要投入较多的成本，但从长远来看，智慧酒店在建成之后，能够缩减较多的运营和管理成本，许多烦琐的工作可以通过智能设备和设施来完成。在智慧酒店运营中其运营维护成本相对要小得多，且智慧酒店能够运营较长时间，即一次投资能够带来长期高效的回报。同时，许多难以控制的工作将由智慧酒店实施标准化作业，可以保障产品和服务的质量。

二、智慧酒店的特征

（一）智慧酒店具有智能化特征

设施、产品与服务的智能化是智慧酒店的基本体现，主要有以下方面：一是酒店产品。如客房中多媒体系统的设置，顾客通过智能客房即可实现信息查询、网上办公、在线预订、自助娱乐等活动，使顾客足不出户即可轻松办理一切事情，真正实现酒店消费的智能尊享，让顾客切实体验智慧酒店的魅力。二是酒店设施。从酒店大堂到客房再到餐饮，酒店的服务设施应当实现智能化控制，如楼道的灯光、温度、湿度等，智能化的便捷，辅之以人文关怀，尽显酒店的先进时尚。酒店智能化的设施设备能为客人提供更为温馨舒适的入住环境，是智慧酒店建设最基本的条件，不可或缺。随着智能化水平的不断提高，智能建筑越来越安全节能、高效舒适。智慧酒店设施中除了最为基础的智慧客房建设外，还包括智能楼宇、照明电器控制、能源管控、可视对讲、互动娱乐等，为客人提供个性化的体验，营造人本化的优越环境。

（二）智慧酒店具有体验化特征

顾客体验是智慧酒店的核心价值，也是智慧酒店获取综合效益的基本前提和主要依托。智慧酒店的发展建设，最终要落实到顾客体验上，从网上预订、线上支付到入住登记、客房服务，再到结算离店、消费心得，智慧酒店都应当创造现代化、智能化、时尚化、品质化的体验感，使顾客在消费体验中获得价值增值。

（三）智慧酒店具有联动化特征

智慧酒店在整体上是联动的，即各个智能的设备、设施和产品能够互相联动发展。在酒店的运营管理中，各个智能系统产生信息、处理信息、传递信息和反馈信息，智慧酒店云平台将这些信息进行统一的管理和传递，使得智慧酒店成为一个系统的整体。各部门、各机构、各单元的智能化能为智慧酒店运营管理提供信息，使智慧酒店真正联动、高效、便捷。

（四）智慧酒店具有综合化特征

智慧酒店将各种资源、信息、设施、产品和服务等进行综合，实现综合管理、综合服务和综合运营。智慧酒店在对人员的管理上，将酒店管理人员、服务人员、顾客群体、营销对象等进行综合管理，从而找寻最佳的管理路径、服务方式和营销策略；在对客房系统的管理上，仅仅是独立的智能电视系统、独立的客房环境控制系统等，其智慧化建设是不充分的，而通过智慧酒店的发展建设，将客房系统进行智能综合管理，可提供综合化服务。智慧酒店通过综合化、一体化、网络化、便捷化和智能化建设，能够提供一站式服务，真正满足顾客的综合需求。

（五）智慧酒店具有标准化特征

智慧酒店的发展建设在很大程度上将许多由工作人员提供的服务转变为由智能设备等直接提供。在对设施设备的设计、运营和管理中，融入人的主观意志，对其服务的内容和质量进行标准化管理，从而易于保障酒店的服务品质。设施设备提供的服务是标准化的，在此基础上，辅之以适度的个性化服务，给予顾客人文关怀，既能体现酒店的智能时尚，又不失酒店的人文精神，从而有利于酒店整体水平的提升。

（六）智慧酒店具有便捷化特征

智慧酒店的重要特征是体验、消费、运营和管理的便捷化。智慧酒店的发展建设必然涉及许多新技术、新设备的创新应用。通常情况下，技术越先进、功能越多样，操作和应用可能就越复杂。将智慧酒店的发展建设成果应用于酒店的日常经营运作中，管理人员、工作人员和酒店顾客对设备实施和产品服务的应用体验成为衡量智慧成效的关键因素，只有便捷易得、"傻瓜"智能、操作简单的智慧体系，才能得到广泛使用。

（七）智慧酒店具有低碳化特征

通过标准化设计，对酒店用水、用电等进行智能监控，并采取相应的措施，可以避免资源浪费等现象的发生。这样既能为酒店缩减运营成本，又有助于创建绿色生态酒店。智慧酒店的发展建设，能够提升酒店的信息化水平，这在资源利用、污染排放等方面的作用尤为突出。

第三节 智慧酒店应用系统的架构

一、酒店的基础设施建设层

酒店的基础设施建设层主要包括酒店无线网络基础设施建设、酒店物联网基础设施建设、酒店融合网络建设、酒店数据基础设施建设等。物联网基础设施和数据基础设施一般都由酒店自己直接建设，而其他网络基础设施基本由通信运营商建设或共建。下面简要说明物联网基础设施建设和数据基础设施建设的内容。

（一）酒店物联网基础设施建设

酒店物联网基础设施建设主要用于客人的引导管理、员工管理、设备管理和安保管理等，以及在酒店前厅区域配备入住登记的自助服务设备等。酒店物联网基础建设需依据酒店规模大小选择合适的设备数量，自助服务设备需具备二代身份证识别、银行卡刷卡消费、自动处理并打印入住手续等功能。随着物联网在食品加工业的应用，酒店餐饮管理也利用物联网来实现食品的安全管理，通过食品上的 RFID 标签，可以追溯食品加工的源头，以确保采购的食品安全，让客人在酒店用餐时完全放心。智能房卡的互联包括酒店内消费、车辆通行、开启房门、楼层识别等功能。酒店各服务环节的 RFID 配备、标签设计等都属于物联网基础建设的内容。

（二）酒店数据的基础设施建设

数据基础设施是智慧酒店建设的关键内容，数据库、数据中心、数据服务设备等都是数据基础设施。从业务需求和实际应用出发，建设内容还包括制订统一的数据采集标准，建立符合自身条件的信息采集长效机制；建立数据共享机制，解决数据交换和共享问题；构建酒店旅游数据库接口，拥有完善的信息安全保障机制；具备信息数据智能分析、处理功能，为酒店电子商务决策提供支持；依据自身条件需求，建立相应的数据库和数据中心环境，如顾客信息管理数据库等。另外，还包括数据服务策略，建立一套有效的数据使用机制和模型。

二、面向旅游管理的应用层

面向旅游管理的应用层主要有酒店智能监控安防系统、酒店智慧点菜系统、酒店食品安全溯源系统、酒店运营管理系统、酒店智能客房控制系统、酒店综合视频会议系统、酒店智能闭路电视系统、酒店顾客关系管理系统。对于旅游类酒店，经营管理是酒店智慧建设的重点内容，尤其对于连锁型酒店或酒店集团。由于围绕管理智慧建设的内容非常多，而且不同的酒店差异性也很大，这里就选择三个目前较普遍的应用系统进行介绍。

（一）酒店智能监控安防系统

智慧酒店必备的一个智能监控安防系统简称智慧安防系统。该系统利用先进的智能监控设备和系统对酒店公共区域（尤其是危害多发地）实行全方位的实时监控，以便遇到突发事件时能够及时处理。例如，如果酒店安防人员或相关负责人想要看清监控设备下的某个人，他就可以利用智能系统中的控制面板来转动摄像头或缩放画面。另外，该系统还可以保存影像和声音，能够为突发问题的处理提供依据。智慧安防系统是与防盗、报警等其他安防系统协同运作的，可以很好地保护酒店顾客的人身及财产安全。

（二）酒店智能客房控制系统

客房控制系统涉及电能、门窗监测以及 Mini 吧使用等，其目标是实现客房节能、安全、自服务等。该系统可以智能调节客房灯光，客房灯光根据不同的需求设置多种情景模式（如全亮、柔和、休闲、电视、阅读、睡眠、起夜等），配备灯光遥控设备；能够智能调节客房温度，室内温度过高或过低时，自动感应并启动空调，将客房调至舒适温度；能自动监测门、窗是否关紧，并可根据情况给住店客人以温馨提醒。例如，当你进入酒店客房后，客房控制系统就会自动进入欢迎模式，并将灯光自动调整至合适的亮度，使窗帘在美妙的音乐中缓缓打开。

同时，该系统还会自动打开客房中的电视，在屏幕上显示出欢迎的话语和实时天气状况，给人一种美好、幸福的感受。

（三）酒店顾客关系管理系统

顾客关系管理基于移动互联网，包含顾客回访、顾客信息反馈、定制信息播送等功能，同时能对各类顾客数据进行挖掘分析，及时发现顾客的新需求，为酒店的营销决策提供支持。目前，智慧酒店的顾客关系管理主要基于大数据分析，能对顾客进行各种分类，从而实现对顾客的个性化管理，提供个性化服务。酒店顾客关系管理系统是酒店经营中非常重要的系统，它从会员管理系统的应用发展起来，可以实现对会员顾客的自动销售、自动营销和自动关怀，从而实现对会员顾客的智慧管理和服务。

三、面向公众服务的应用层

面向公众服务的应用层包括酒店网站集群系统、酒店电子商务系统、酒店综合信息服务系统、酒店智慧客房信息服务系统、酒店多媒体触摸屏自助服务系统、酒店投诉满意度调查及顾客互动系统。酒店服务的质量与效益一直以来都是酒店经营中研究的热点，因为酒店是靠服务来谋生的，酒店能否生存下去靠的就是服务。因此，在智慧建设方面，服务的智慧化建设就成为智慧酒店建设的关键。一个好的智慧型服务系统，不但能给顾客带来快乐的体验，还能为酒店带来持续不断的收益。下面介绍目前酒店业比较热门的四个服务系统。

（一）酒店综合信息服务系统

酒店的门户网站、触摸屏、LED 显示屏、闭路电视系统、微渠道如微信平台等信息都可以通过酒店综合信息服务系统发布。该系统包含酒店信息编辑、审核、发布，住房、饮食预订服务以及评论打分、统计，服务投诉，服务对比，旅游景区信息速递，视频演示与发布，环境交通一键通等功能。另外，系统可实现与酒店相关的实时信息更新，包括客房信息、餐饮信息、娱乐信息、价格信息及其他一些促销活动的信息。酒店综合信息服务系统是个信息接驳管控平台，也有酒店称其为信息服务后台系统，它的核心功能就是审核和发布信息，从而实现对网站、OTA 渠道、分销渠道的信息统一发布和监测，最终控制网络舆情的变化。

（二）酒店智慧电子商务系统

目前许多酒店都已开展了不完全的电子商务，有的通过 OTA 服务商，有的通过自己的门户网站，也有的通过电子分销渠道，但这些电子商务没有整合起来形成一个完整的系统，如何管理这些不同的渠道，为消费者提供一体化的电子商务服务，这是酒店电子商务系统发展所面临的问题。在互联网时代，酒店电子商务将是一个必然的发展趋势。智慧电子商务是基于移动互联网的商务，支持多种智能支付方式，并形成酒店电子商务诚信评价体系，提高了酒店电子商务开展的效用。智慧电子商务需要一个平台，它能为顾客提供一站式的服务，而且是个性化的，不但能实现网上预订、移动终端预订，还能实现在线支付，实现真正的网上交易。智慧电子商务系统应提高自己的在线直销比例，而不能完全依赖OTA。在系统构建时，应重点做好门户网站的商务流程设计，做好微信平台的商务流程设计，以及做好酒店 App 的商务流程设计，通过设计规划逐步增加自身的电子商务份额。当然这也离不开对电子商务系统的数据分析，挖掘潜在的商机。

（三）酒店智慧网站集群系统

集群系统具有同步更新、协同处理的功能，其定期对网站安全开展维护性工作，能够确保网站信息和运行的安全。网站集群系统主要应用于连锁型酒店或酒店集团，这些酒店有集团总部的门户网站，也有成员酒店的门户网站，一些酒店还有手机网站等微网站，为了便于统一管理、整合运行，为消费者提供更权威的信息，满足这些网站的商务流程及业务的整合管理需要、电子商务一站式服务的需要，就需要建设网站集群系统。

（四）酒店互动屏自助服务系统

为使住店客人随时了解酒店的所有服务信息，酒店要合理布置多媒体触摸屏设备的自助系统，如放在大堂、娱乐服务场所以及餐饮服务场所等。新一代的自助服务系统是互动型的，消费者和酒店可以通过感知提供智慧性的服务，不但可以提升顾客的体验，还可以提升顾客对服务的满意度。对于服务系统，酒店还需做好设备的维护保养工作，确保酒店内的每一台触摸屏都能够正常使用，以树立酒店智慧型服务的良好形象。酒店互动屏自助服务系统具备入住办理的自助服务功能，可实现空房查询、房类选择、入住手续办理、银行卡支付等服务。

四、面向旅游营销的应用层

面向旅游营销的应用层包括酒店自媒体营销系统、酒店舆情监控分析系统、酒店竞争力分析与提升系统、酒店旅游营销效果评价系统。在大网络环境下，未来酒店的营销就是服务，甚至营销就是管理，这足以说明酒店经营过程中营销的重要性。智慧型的营销已经和信息时代流行的社交网络密不可分，和移动互联网密不可分，并和智能手机紧密地联系在一起，它可以绑定顾客，提供灵活的个性化服务。下面将介绍三个颇有成效的智慧型营销产品。

（一）酒店的自媒体营销系统

酒店的自媒体营销系统具备自有和可控的信息发布平台（官方网站、博客、微博、微信等），具备能直接营销到的目标用户群（网站注册用户、微博粉丝、微信好友等），并具备可以独立开展的营销活动（客房／餐饮免费赠送、微博／微信抽奖、有奖点评等）。自媒体营销系统就是酒店利用社交网络，借助移动互联网以及所有的电子设备，形成平台化的营销服务系统。自媒体营销系统的应用特点就是可以确保发布信息的准确性、实时性和可维护性，并可及时了解营销的效果，其还可以和顾客在线互动，可以在线了解营销的效果，且效果都是可视化的，所以该系统在智慧营销建设中，是最受酒店欢迎的一个产品。

（二）酒店舆情监控分析系统

在移动互联网的大环境下，舆情监控分析系统已成为酒店了解市场影响力的重要系统。该系统通过网络了解有关酒店的舆情，以帮助酒店制订有效的营销策略方案。酒店舆情监控分析系统不但可实时、动态地监测酒店市场舆情，而且还可引导舆情并消除其可能引起的不利影响。酒店舆情监控分析系统具备舆情跟踪、舆情内容定位以及舆情屏蔽等功能，可在自媒体平台发布重大舆情的处理结果。

（三）酒店营销效果评价系统

酒店营销评价效果系统可以筛选出一些口碑良好的酒店或酒店合作网站，其主要依据是各营销渠道导入的网站流量、咨询量和预定量等，通过分析这些数据，系统可以准确判断出酒店合作网站、酒店平台的实际营销效果。酒店营销效果评价系统同样可用来评价消费者的消费趋向和关注度，通常通过消费者的注册方式、内容订阅方式、订阅数量、互动频率、关注产品类型以及订阅主题等社交变量，分析酒店营销推广后在社交网络中的关注度，寻找在市场竞争力方面的薄弱环节，从而优化或明确进一步提升市场竞争力的营销策略。

第四节　智慧酒店建设中出现的问题与应对措施

一、智慧酒店建设中出现的问题

（一）推广力度较弱

智慧酒店的发展建设，不仅需要市场满足，而且需要政府推动；不仅需要单一的服务商，而且需要总体的统筹协调。只有市场、政府和企业全面发力，才能真正保障智慧酒店的快速发展。虽然政府对智慧旅游发展建设的推广力度较强，但作为智慧旅游的重要组成部分，智慧酒店在许多地区的宣传推广相对较弱，只有少数省份或地区进行了大力推广并开启了智慧酒店建设。河南省将"智慧酒店"项目作为河南智慧旅游的重要组成部分来加速推动实施，福建省作为国内首个"智慧酒店试点省"与中国智慧酒店联盟签订了意向书。部分地区对智慧酒店的发展建设已然重视，但在具体的政策和措施上，如财力支持、技术支持、智力支持的力度并不大。

（二）规范建设不足

应当从国家或行业层面，推进智慧酒店的规范化和标准化建设，为智慧酒店的发展建设提供技术依据。部分地区虽然构建了智慧酒店发展建设规范，如北京市界定了智慧酒店的项目、功能、内容、体系和架构，但对其中的技术标准、设施标准等并没有明确和详细的说明。智慧酒店的发展建设涉及较多的细节和内容，包括技术标准、设施标准和服务标准等，许多地区或企业进行智慧酒店建设时，缺乏统一的规范和标准，由此使得智慧酒店的发展建设呈现出差异性和孤立性，尤其是在与旅游目的地范围内的智慧旅游、智慧景区等联通不畅的情况下，很难实现整体上的联动，智慧酒店的功能和服务也将因此受到限制。

（三）内容具有局限

许多酒店美其名曰"智慧酒店"，宣称其有先进的客房智能系统、智慧餐饮系统、智能入住系统等，但相应系统的功能和服务并未得到充分的体现，也没有实现应用的价值，"智慧酒店"仅成为酒店促销的噱头，在建设的内容、功能、价值上具有明显的局限性，智慧酒店并不"智慧"。当前，智慧酒店的发展建设大多不是整体联动的，而是侧重于某几项功能或系统的建设，归结起来，主要有以下几个方面：自助入住系统，顾客可以通过智能移动终端设备实现远程看房、订房、登记、办理入住，也可到酒店后经由自助入住终端设备进行自助登记入住，主要表现为酒店自助入住终端；智慧客房建设，主要内容为客房环境控制系统和客房多媒体建设系统，主要表现为智能电视的应用；智慧餐饮系统，主要表现为应用平板电脑进行点餐，餐饮相关的信息服务、互动功能并未得到有效实现；智慧营销系统，主要表现为利用微信和微博进行信息推介。

（四）建设分布不均

智慧酒店的发展建设需要较大的成本投入，对于那些规模较小、创收不足的酒店，如果进行智慧酒店建设，通常难以承担较大的成本支出，许多酒店甚至根本没有智慧酒店发展建设的动力。从智慧酒店发展建设的主体来看，智慧酒店建设主要集中在高星级酒店（多数在三星级以上）、大规模的酒店企业（集团）等，其智慧化建设的项目和内容相对较多，而低星级及小规模的酒店进行智慧化建设的较少。无论是何种质量等级、规模层次的酒店，智慧化建设都将是一种主流趋势，只是不同的酒店应当根据自身发展需要，有针对性地选择建设项目，从而建成不同类型的智慧酒店。

（五）缺少长远规划

在规范化和标准化体系不健全、不完善的情况下，局部建设通常使酒店产生短期行为，不利于智慧酒店的长期发展。对于大多数酒店而言，其通常已经具备了一定的信息化基础，如智能管理系统和顾客关系系统等，对智慧化建设的需求不是很迫切，因而在智慧酒店的建设中，其仅根据酒店发展需要进行局部的建设，就容易导致长期规划的缺失。

二、智慧酒店建设的应对措施

（一）制定统一的技术标准

酒店的发展建设通常需要与外界进行对接和联系，这主要包括两个方面的内容：一是酒店与外界的对接，包括旅游、交通、市政等信息的对接。这就需要通过相应的技术手段实现酒店信息系统与外界的联动。因此，应从国家或行业层面制定智慧旅游发展建设的统一技术标准，在网络、端口、设备等基础设施上进行技术标准化，从而为酒店的智慧化建设及持续扩展建设提供便利和支撑；二是酒店在运营过程中与上下游企业的对接。为了实现便捷高效的服务和运营，酒店运营商需要和不同的供应商在技术应用、信息平台上进行对接。如果不同的供应商采用不同的技术手段或标准体系，酒店就难以与各供应商进行统一的对接，从而给酒店的智慧化建设带来困难。

（二）制定智慧酒店的发展规划

智慧酒店的发展建设通常是一项长期的、庞大的、持续的系统工程，其发展建设不可能一蹴而就，也不可能一劳永逸，为了推动智慧酒店的发展建设并投入运营，需要在建设之前，对智慧酒店做出科学的规划：其一，在科学规划的前提下，通过智慧酒店的建设，能够使建设的项目和内容不断积累和循序推进，保证已建项目的运营使用和待建项目的拓展对接；其二，通过规划，能够辨识酒店智慧化建设的环境和需求，厘清发展建设的思路；其三，经过科学规划而发展建设的项目要实现长期使用，以避免短期行为造成的资源浪费；其四，根据智慧酒店发展建设的现实需要，可以按照需求的轻重缓急，循序推进智慧酒店建设，并且在动态建设中运营使用已建项目，实现建设与使用同步。

（三）探索多路径的发展策略

由于不同酒店所处的经济条件、发展环境及对智慧化建设的需求不尽相同，智慧酒店发展建设的路径也存在较大的差异。只有允许存在多种路径，并推动各类型智慧酒店的发展建设，才能全方位地提升酒店业的智慧水平。对于新开发的酒店而言，可以通过集中建设和规模发展，实现智慧酒店项目的一步到位；对于具有一定发展历史的酒店而言，其通常具有一定的信息化基础，在改造和升级的过程中,可能需要较大的成本支出,因此可以通过持续改造和优化升级,逐步健全智慧酒店项目。就小规模的中端酒店而言,在财力等受限的情况下,基于国家或行业制定的标准,可以根据酒店发展的现实需要,按照轻重缓急,有目标、分层次、分阶段地进行智慧酒店的建设,并在长期发展中逐步扩展和充实;就大型的高星级酒店而言,在资本充足、技术完备的情况下,可从整体上进行智慧酒店建设,全面提升发展运营的智慧能力,促进智慧酒店的跨越式发展。

(四)围绕酒店现实展开建设

尽管智慧酒店的发展建设是一个系统复杂的工程,但现阶段的发展建设主要围绕顾客消费体验和酒店发展需要展开,并且能够满足顾客和酒店的基本需求。随着顾客消费方式、消费习惯和生活方式的改变,智慧酒店的发展建设将呈现出新的状态和特征,并且随着酒店自身的发展壮大,其满足顾客和酒店需要的智慧和能力也将逐步增强。少数酒店可以在智能客房系统、智慧餐饮系统等方面进行全方位的建设,但更多的酒店则在网络覆盖、智能监控、电子商务、智能管理系统等方面进行建设。通过网站建设,方便信息查询和在线预订;通过网络覆盖,对接顾客的智能移动终端设备;通过智能管理系统,方便酒店业务管理;通过微博、微信等平台,方便与顾客进行充分互动。现有的智慧酒店发展建设已然专注于顾客和酒店的需要。

(五)优化酒店的运营使用能力

智慧酒店应在发展建设中不断提高自身的运营能力,具体可以从以下七个方面入手。

其一,安全保障,实现用户放心。在功能集成和用户使用的过程中,智慧酒店应充分考虑信息安全、设备安全等,以避免信息泄露等情况的发生。

其二,持续创新,增强发展动力。随着消费方式、市场环境等因素的变化,智慧酒店应当能够及时对酒店的产品、服务、营销、管理等进行调整和创新,促使酒店紧跟社会和行业发展潮流。通过持续地优化、创新和提升,保障智慧酒店长期健康可持续发展。

其三,操作便捷,构建"傻瓜"智能。不同年龄阶段、知识水平、能力素质、身体状况的顾客,通过简单的操作,即可享受智能化体验。最大限度地方便顾客使用,是智慧酒店的直接体现。

其四,维护方便,保障发展运营。对智慧酒店设施设备的维护应当简单实用。

其五，要素整合，提供综合服务。对信息、资源、设施、产品、服务等进行全面整合并实现充分联动，既为顾客提供综合服务，又助力酒店全面管理。

其六，易于扩展，注重建设积累。鉴于不同酒店智慧化建设的能力和水平的不同，应在发展建设过程中预留拓展空间，便于分期建设、逐步扩展和持续健全。

其七，功能完备，满足多方需求。集成智慧服务、智慧管理、智慧运营、智慧营销等方面的多项功能，满足顾客体验和酒店发展的多方需要。

第五节　智慧酒店的应用案例

一、黄龙饭店智慧酒店建设案例 [①]

杭州黄龙饭店是杭州旅游集团有限公司打造的智慧酒店。黄龙饭店与美国国际商用机器公司合作，以全方位的酒店管理系统与无线射频识别技术等智能体系构建了一整套智慧酒店发展方案。

（一）智能贵宾服务

杭州黄龙饭店在智慧酒店发展建设的过程中，凸显服务顾客的功能，为顾客提供与众不同、便利舒适、智能时尚的个性化服务。黄龙饭店的智能贵宾服务体现在以下几个方面：

其一，黄龙饭店的顾客可通过自己的智能设备进行远程登记，在房内或店外就能完成登记、身份辨识及付款手续。

其二，黄龙饭店在大堂内设置了自助入住终端设备，顾客可自行完成登记手续。

其三，顾客凭借黄龙饭店智能卡，一进入饭店即可被系统自动识别，无须办理任何手续即可实现入住。

其四，黄龙酒店给每一位顾客配备一张房卡，房卡对应的是顾客自己挑选的房型，且房卡上会附带一张芯片，只要顾客来到酒店的感应区域，客人就会自动收到欢迎短信，服务人员也将立即收到顾客到店的提示短信，内容包括客人的姓名、性别、国籍、照片等，由此为顾客提供个性化服务。

① 张凌云，乔向杰，黄晓波. 智慧旅游的理论与实践 [M]. 天津：南开大学出版社，2017：141-144.

其五，顾客走出电梯后，楼层门牌指示系统会自动闪烁，指引顾客至其房间。

其六，客房能够按照顾客的生活习惯设置环境，使顾客能够在自己熟悉的环境里生活、休息。

其七，互动电视系统和IP电话（网络电话）系统可自动获取顾客的入住信息，进而自动配置顾客的母语作为默认语言。

其八，顾客不必走到门前，只需通过按键切换，即可将门外信息画面显示在电视屏幕上。

（二）智慧酒店系统

杭州黄龙饭店的智慧酒店系统主要有如下方面：

其一，自助入住/退房系统：黄龙饭店在大堂内设置了自助信息服务机（Kiosk），顾客可自助完成登记手续。

其二，员工智能管理系统：黄龙饭店为每一个楼层的服务员，以及餐厅的员工配备了手持智能终端（iPod touch），通过短信的形式接收楼层服务，不仅能够减少服务差错，还能够为员工绩效考核提供依据。此外，员工的制服内有专业的RFID标签，在各个分区都有读写器，能够显示员工的定位，基于员工定位的信息，可对员工工作期间的位置进行分析和判断，从而便于员工的管理。

其三，智慧导航系统：顾客进入电梯后，刷一下含芯片的房卡，然后输入房号，出电梯，系统会自动感应房卡信息，通过指示牌指引顾客至自己的房间。

其四，客房智能手机：客房内的智能手机解决了国外手机无法直接使用的问题，可以全球拨打，免费接听。

其五，平板电脑点菜：黄龙饭店的每个包厢都有一个平板电脑，每一个点菜的平板电脑都配对一个iPod touch。顾客点好菜之后，由服务员进行确认，确认无误后将信息传送给与之相应的iPod touch，接收到信息的服务员就开始准备这个包厢的菜品。除了具备点菜功能之外，顾客还可在点菜之余使用平板电脑玩玩小游戏。

其五，客房全自动系统：顾客一进入客房，安插好房卡，所有的空调系统、电视系统、灯光系统等全部自动到位并运作。

其六，"一键"液晶雾化玻璃：以往的酒店，浴室与卧室之间的玻璃通常会安装一个帘子，而拉帘子的方式既费事又费力，因此黄龙饭店安装了"一键"液晶雾化玻璃。浴室与卧室之间安装了液晶雾化玻璃，只需轻点控制面板，透明玻璃即刻产生"雾化"效果，给顾客一个私密的浴室空间。

其七，固定资产管理系统：主要针对固定资产中的贵重物品，在贵重物品上设置 RFID 标签，当固定资产发生非法移动时，系统即自动报警。

其八，客房盥洗室音乐系统：酒店拥有四个独立声道，分别用于播放饭店公共区域的背景音乐、客房专属音乐（两个声道）和客房电视正在播放的电视节目声音。在不按"一键"雾化玻璃的情况下，可以实现一边洗澡一边看电视的功能。

其九，门禁系统：如果有人在房间外摁门铃，门外的图像则会跳转到电视屏幕上，进而方便顾客做出开门与否的决定。

其十：一键拨打服务：在顾客有问题需要处理时，只需拨打"0"，服务员就会接收到顾客提出的问题、相应的任务和工作，进而指派相关部门以最快的速度完成任务。

其十一，电视系统：顾客在酒店只需打开电视即可查询航班信息，若航班延误或取消，则可自行安排时间或行程。基于该电视系统，顾客可在客房内实现点菜功能，根据客房电视点菜系统的图片、价格等信息，顾客点菜的信息可以反映在客房服务的电脑上面。服务员接到点菜信息后，需要致电到客房确认餐点、房号等信息，进而将信息传递给厨房。客房电视的航班系统则能够展示萧山机场的出发、到达两方面的信息，系统每 15 分钟更新一次，界面上同时显示萧山机场的电话号码，从而方便电话询问。此外，酒店指南的相关信息都集中于电视系统里，内置八国语言，兼具电视频道、航班信息、消息留言、账单查询、全球天气、租车服务等各种功能，还有杭州风景名胜、服装商场等具体的介绍和推荐。

二、欧瑞博智慧酒店建设案例 [①]

欧瑞博公司在多年研发生产智能家居、物联网设备的基础上，结合市场的需求，整合网络通信技术、传感技术、信息整合与处理技术，面向星级酒店推出新一代的五星级智能酒店系统。此系统以节能型的智能主机 OR-8000 为基础，集智能灯光管理、空调管理、呼叫管理与信息服务管理功能于一身，通过物联技术将酒店的各种软、硬件更好地连接起来，为顾客提供宾至如归的信息化、智能化、个性化服务，提升酒店管理水平，降低酒店运营成本，提高顾客入住酒店的满意度，如图 4-1 所示。

---

① 李云鹏. 智慧旅游规划与行业实践 [M]. 北京：旅游教育出版社，2014：187-190.

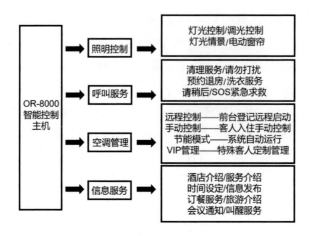

图 4-1 欧瑞博五星级智能酒店系统

欧瑞博智慧酒店基于物联网的五星级酒店智能服务主要有以下方面：

①入住方便。普通酒店入住手续烦琐，顾客虽然可以在网上预订房间，但在入住时，仍需要经过服务员的确认才能进入房间，甚至有时会出现房间不足的情况。而在欧瑞博智慧系统覆盖下的酒店，顾客只需将身份证放在酒店大堂的自助服务设备上轻轻一刷，即可办理入住手续并获得一张智能房卡。这张房卡不仅是打开门锁的钥匙，还是购买物品和乘坐车辆的消费卡。

②电梯管理。智能房卡是乘坐电梯到客房的通行证，没有入住酒店的人是不能随意进入电梯的，这有效地避免了不法人员的进入，能够很好地保护顾客的安全。

③自动化设置。在顾客打开房门后，欧瑞博智慧系统会自动开启欢迎模式，打开电灯、窗帘、音乐、电视等，给顾客带来一种别样的体验，使其感到惊喜。

④灯光控制。不同的光线亮度能够给人带来不同的感受，欧瑞博智慧系统为顾客设置了多种灯光模式，如阅读模式、观影模式、睡眠模式、夜起模式、休闲模式，等等。这些模式的切换只需要顾客在开关上轻触按键就能实现。

⑤卫生间控制。与客房相似，卫生间也有多种模式，如盥洗模式、如厕模式和洗浴模式等。如果顾客进入卫生间后，选择了墙壁上智能开关中的洗浴模式，那么卫生间窗户上的卷帘就会自动放下，室内灯光也将调到温和的模式，内置的音乐声逐渐响起，使顾客能够在轻松、愉快的环境中尽情享受洗浴。此外，人们在用完卫生间以后经常会忘记关灯，而欧瑞博智慧系统会在人离开卫生间后自动关闭灯光并打开窗帘，从而减少资源浪费。

⑥视频门铃显示。为了进一步保证顾客的安全，欧瑞博智慧系统为客房大门

安装了一个多功能的视频门铃。当有人摁响门铃后，顾客可以通过客房的电视机确认按铃者的身份，电视机屏幕上可以显示出送茶点的服务员的图像、朋友的图像或陌生人的图像。这种可视化的门铃模式使顾客倍感安心。

⑦呼叫服务管理。欧瑞博智慧系统可以帮助酒店给顾客提供更快捷、更好的客户服务。当顾客需要"召唤"服务员或需要帮助时，只需按一下墙面上的按钮，就能立即与服务中心取得联系，提高了顾客与酒店人员的沟通效率。例如，顾客按下"预约退房"按钮后，酒店服务中心在收到这一消息时便能立即打印账单，待顾客下楼签字确认后就能办完退房手续。这样不仅提高了酒店的服务效率，还增强了顾客对酒店的满意度。另外，这个系统还能在门口的显示牌上设置"清理""入住""请勿打扰"等文字提示。如果顾客需要清理房间，就按下"清理"按钮，酒店服务中心收到消息后会迅速安排工作人员对房间进行打扫。如果门牌上显示的是"勿扰"的信息，那么酒店工作人员就会暂停房间的打扫服务或其他服务，从而确保顾客不被打扰。

⑧信息服务管理。欧瑞博智慧酒店配置了很多无线控制终端。这些终端可以对灯光、空调、电视、音乐等进行控制，也可以控制网络连接。顾客可以通过它们浏览网页、查询信息、观看影视剧、阅读杂志、查询账单、预订餐厅、订购车票等。总之，酒店信息服务覆盖面极广，几乎可以使顾客足不出户就能实现所有的需求。

⑨HVAC控制。HVAC是指供暖通风与空气调节。顾客在酒店大厅办好登记手续后，系统会自动将客房空调打开到适宜温度，使顾客进入客房时就能感受到凉爽或温暖。如果顾客没有退房就离开了房间，那么系统会自动进入节能模式。等到顾客再次回来时，它会将客房内的温度和湿度调节到顾客离开之前的状态。也就是说，这个系统具有记忆功能。

总而言之，从顾客入住到离开酒店的过程中，酒店"影子式"服务一直贯穿其中，无时无刻、不无微不至地"照顾"着顾客。

第五章 "互联网＋"背景下的
酒店新业态——民宿型酒店

作为旅游业的重要组成部分，民宿型酒店已经成为我国旅游经济的新增长点，是"互联网＋"时代下酒店行业发展的新业态之一，符合"互联网＋"时代下的酒店发展需求。民宿型酒店的发展融合了地区的文化审美与经济开发，解决了空房闲置的问题，也解决了旅游旺季中酒店难求的问题，本章即对其相关理论和发展运营方式进行深入分析。

第一节 民宿型酒店的相关理论研究

一、民宿型酒店的概念界定

（一）台湾地区民宿型酒店的概念

民宿最早起源于欧洲，国外认为民宿等同于"B&B"，也有的将其表达为"Family Hotel""House Stay"等。"民宿"一词最初源自日语"Minshuku"，在我国旅游民宿发展早而且比较成功的台湾，可以清楚地看到日本民宿的影子。中国台湾地区的民宿型酒店业发展比较成功，相关研究较为丰富，各学者对民宿型酒店的定义也不尽相同。总的来说，台湾地区的学者对民宿型酒店的定义按照以下五个层面进行了界定，见表5-1。①

---

① 吴文智．民宿概论［M］．上海：上海交通大学出版社，2018：156．

表 5-1 台湾地区的学者对民宿型酒店的界定

界定层面	定义
产业经营层面	以民宅内套房出租给游客而未办理营利事业登记又实际从事旅馆业务者
产业供给层面	民宿型酒店是指将一般私人住宅的一部分居室出租给游客，以副业方式经营的临时住宿设施。其性质与普通饭店、旅馆不同，除了能与顾客交流认识，更能让游客享受当地之乡土风味和犹如住在家里的感觉
消费行为层面	民宿型酒店之主体是指农民利用农宅空余之部分房间，将整栋或分栋之农宅出租给游客暂时居住的行为，而民宿型酒店之客体即指游客投宿于民宅的行为
法令规章层面	一种借住于一般民众住宅的方式，利用自用住宅的空闲房间，结合当地人文、自然景观、生态环境资源及农林渔牧生产活动，以家庭副业方式经营，给游客提供乡野生活之住宿处所，所以它不是专业化和商务化的旅馆
综合性层面	民宿型酒店是指将一般个人住宅的一部分居室以副业方式经营的住宿设施。其性质与普通饭店或旅馆不同，除了能与游客交流认识，游客更能享受有乡土味道以及犹如在家里住宿的感觉，并且结合了自然景观、当地人文、生态环境资源及体验农林渔牧生产、生活和生态活动

台湾地区"民宿型酒店管理办法"指出：民宿型酒店是指利用自用住宅空闲房间，结合当地人文自然景观、生态环境资源及农林渔牧生产活动，以家庭副业方式经营，提供给旅客乡野生活之住宿处所。这在某种程度上奠定了民宿型酒店"副业"的性质。

（二）民宿型酒店概念的综述

大陆对于民宿型酒店概念的认识受到台湾地区的影响，学者也对民宿型酒店的概念进行了讨论。

杨欣认为民宿型酒店是一种农民将自己家的部分起居室出租给游客的住宿设施。[1] 潘颖颖认为民宿型酒店是人们将自用住宅的空闲房，为来本地体验乡野生活的旅游者提供临时性的居住场所，是一种以家庭副业形式经营的模式。[2] 随着产业的发展，不少学者认为民宿型酒店是一种经营模式。吴玮将台湾地区的民宿型酒店的非标准定义提炼为如下几点特征：多位于景区、家庭经营、拥有 5～15 间房、提供餐饮娱乐等服务。而在大陆，民宿型酒店更多的是在"农家乐"概念

---

① 杨欣，殷燕．两岸民宿比较研究 [J]．经济研究导刊，2012（34）：187.
② 潘颖颖．浙江民宿发展面临的困难及解析：基于西塘的民宿旅游 [J]．生产力研究，2013（3）：132.

的基础上发展起来的。^①周琼认为除了一般常见的饭店以及旅社,其他如民宅、休闲中心、农庄、牧场等,都可以归类为民宿型酒店。^②姚恩育认为浙江的农家乐就是民宿型酒店,作为民宿型酒店的一种,农家乐是"农业＋旅游"跨产业融合的最早尝试。^③刘亭指出民宿型酒店并不具备复杂的概念,简单来说就是浙江人早就在做的"农家乐",是一种把生态农业、生态旅游和生态住宿合为一体的新业态。^④游海华赞成民宿型酒店与农家乐有共同点的说法,但是两者的区别在于分布地点和经营模式上,从分布地点来看,民宿型酒店不仅坐落于乡村,同样可以栖居在城市,而农家乐通常只分布在乡村地区;从经营模式来看,相对于农家乐粗放的经营模式,民宿型酒店的要求更加精细。^⑤魏小安认为民宿型酒店是非标准住宿,是自成一体的,酒店可以说是一种城市型的代表,农家乐则完全是小微,是原子化、碎片化的,但是民宿型酒店不同,民宿型酒店是一种整合,一种提升。民宿型酒店的特点应该是乡村的家;规模小,服务细,设施舒服,环境适宜;环境引人,生活留人,情感动人,口碑来人;有好的场景等。^⑥李明德认为民宿型酒店是我国乡村建设的新锐力量,民宿型酒店的快速崛起,为旅游业注入一种新的活力,为乡村注入一种新的魅力,为乡建注入一种新的动力,有着广阔的发展天地。陈国忠认为民宿型酒店作为一种基本的乡村旅游业态,是进入乡村旅游时代民居功能的延伸而非替代。民宿型酒店的灵魂在文化、在功能、在生活,万变不离生活功能和不变的文化灵魂。民宿型酒店与乡村酒店、度假村相比,永远具有自身的基本特质。规划与建设民宿型酒店就是打造一个留住乡愁的空间、再现一座寄托乡情的家园。蒋佳倩则指出民宿型酒店是一种提供有别于传统饭店、宾馆等的住宿体验,给游客温馨亲切的家的感觉的旅游接待设施。^⑦李德梅认为民宿型酒店是私人将其一部分居室出租给游客,以副业方式经营的住宿设施,通常只有较小的住宿容量,产权所有人自行经营,并有特别的活动提供给游客。

(三)"互联网＋"与民宿型酒店

"互联网＋"与民宿型酒店之间是存在诸多联系的,在"互联网＋"快速发

① 吴玮. 台湾民宿业发展现状及数字化营销策略研究 [J]. 泉州师范学院学报,2015(3):100.
② 周琼. 台湾民宿发展态势及其借鉴 [J]. 台湾农业探索,2014(1):13.
③ 姚恩育. 民宿产业 风往哪里吹 [J]. 浙商,2016(9):47.
④ 刘亭. 民宿经济:农家乐的升级版 [J]. 浙江经济,2014(20):12.
⑤ 游海华,曾亚农. 民宿产业发展研究:以杭州市为例 [J]. 嘉兴学院学报,2016(5):85.
⑥ 魏小安. 激活沉睡资源 发展民宿经济 [J]. 中国房地产(市场版),2016(10):19.
⑦ 蒋佳倩,李艳. 国内外旅游"民宿"研究综述 [J]. 旅游研究,2014(4):16-22.

展的背景下，民宿型酒店的发展环境更为良好，可以说"互联网＋"的发展为民宿型酒店带来了契机，推动了民宿型酒店向更为科学的方向发展。与此同时，民宿型酒店的快速发展也拓宽了"互联网＋"的范围，丰富了"互联网＋"的内涵，双方之间是一种相互促进、不可分割的关系。研究"互联网＋"背景下的酒店新业态——民宿型酒店旨在借助"互联网＋"对民宿型酒店进行全面分析，立足于互联网对民宿型酒店的经营管理进行优化，推动民宿型酒店更好发展。

二、民宿型酒店的研究评述

（一）民宿型酒店研究的现状评述

1. 研究的内容

国外对民宿型酒店的相关研究既从典型地区、民宿型酒店企业等宏观角度研究，又注重个体的行为研究，更侧重于以社会学和统计学理论为基础的定量分析。国内对民宿型酒店的研究更偏重实际运用，主要包括个体民宿型酒店发展的对比研究、民宿型酒店问题及对策研究。国内研究大多从解决问题出发来分析现象，注重成功地区的经验借鉴和地区的实际应用。大多集中在了民宿型酒店开发和民宿型酒店管理等实际操作方面，对民宿型酒店的人文氛围营造和民宿型酒店经营者个人的情感等方面的研究则相对较少。

2. 研究的方法

国内外民宿型酒店研究在研究方法上，以定性研究为主，定量研究较少。总体上，民宿型酒店研究在定量研究上比较薄弱。这些研究有从管理学、营销学和建筑学角度进行阐述的，亦有从社会学和人类学角度进行探讨的。后续采用文献法、实地调查法、问卷法等定量方法，在方法的使用上通常借鉴国外的研究成果。研究视角有从核心资源、游客满意度、品牌个性、家庭生命周期理论、利益相关者理论和路径依赖理论等方面进行探讨。研究也在不断关注多种学科理论和方法的交叉应用。

（二）民宿型酒店研究存在的问题

国内外研究成果为该命题的研究奠定了前期基础，但民宿型酒店作为我国的新业态，其研究还有待进一步深化。目前，我国对民宿型酒店的研究还存在以下问题：

首先，核心内涵模糊。作为一个引入性的概念，什么是民宿型酒店？民宿型酒店与农家乐、精品酒店、乡村旅馆等的关系如何厘清？民宿型酒店的核心竞争力到底是什么？民宿型酒店是否应该产业化？这些核心命题的模糊，对深入探讨研究对象构成了极大障碍。

其次，系统性待完善。国外的研究立足于从微观视角去关注民宿型酒店在市场发展中面临的主客关系、消费对象、吸引要素及营销手段；国内的研究侧重于从中观层面去审视民宿型酒店的核心内涵、相关经验的借鉴，以及对区域经济发展的影响和存在的风险等问题。一方面，这些研究成果对于我国民宿型酒店市场运行规则制定、竞争力开发及参与要素关系的协调等方面具有重要的借鉴意义和价值；另一方面，相关成果主要是对策性建议，尚未形成系统研究体系，理论研究严重滞后，与蓬勃发展的产业态势不匹配。

最后，成熟理论模式缺失。大多个案研究没有上升到理论层面，各地的经验难以相互迁移，不利于民宿型酒店相关政策的制定和宏观战略的实施。

三、民宿型酒店的支持理论

（一）社会交换理论

社会交换理论也叫行为主义社会心理学理论，认为人的一切社会活动都可以归结为一种交换，人们在社会交换中所形成的关系也是一种交换关系。它强调人的心理因素，主张人的一切行为都由某种能够带来奖励和回报的交换活动所支配。社会交换理论有两个核心概念：代价——社会交往引起的消极后果，等同于经济学中的"机会成本"；报酬——一个人从社会交往中得到的任何有益的东西。报酬对每个人的意义是不同的。报酬可以分为 6 类，即爱、钱、地位、信息、物、服务，具有特别性和具体性。

每个个体都会与他人进行交往，而交往的对象往往是在某些方面具有一定吸引力的，这样会让自己觉得在这场交往中是有收益的，但只有自己同样具备吸引力时，才能从对方身上获取更多有意义、有价值的东西，这就是社会交换。社会交换理论认为一个人对自己与另一个人的交往所得到的报酬和所付出的代价是心中有数的。尽管人们并不会特别去计算这些报酬和代价，人们主要关心的是某个关系的结果，即总的来看，这种关系是使自己得到的多（报酬多于代价），还是使自己失去的多（代价多于报酬）。

民宿型酒店经营者与民宿型酒店消费者之间也存在着同样的关系，民宿型酒店经营者想要把自己的民宿型酒店推广出去，首先需要自己具备一定的吸引力，才能获取客源，这相当于是一次交换。在民宿型酒店的经营者给消费者带来不一样的感受的同时，消费者又乐意帮酒店进行宣传，将其推荐给身边的朋友，这无疑又是一次无形的交换过程，因此双方都得到了自己想要得到的报酬。

（二）文化资本理论

西方文化经济学、文化产业理论、文化资本理论等也是重要的文化资本运营模式研究的重要内容。马克思从精神生产的视角，论述了文化的思想、文化的结构、文化的起源、文化的功能以及经济建设与文化建设的关系，是研究文化资本理论的基础和方法。布迪尔厄在解读了马克思的资本理论后提出了"文化资本"这一概念，并成功将这一概念运用于文化研究中，布迪尔厄认为"资本是一种在客体与主体结构中的力量，它是一条强调社会世界的内外规律性的原则，正是这一点使得社会游戏超越了简单的碰运气的游戏"。

简言之，文化资本即由企业文化构成的资本，具体包括企业价值观、企业精神、企业规范等内容。文化资本会对企业经营和管理产生一定影响，优秀的企业文化环境会塑造积极向上、敢于创新的员工，从而使企业凝聚力上升，促进员工进步，达到降低人员流动的风险，让企业商业战略的制定、实施得以顺利进行。综上所述，文化资本是企业长期发展并不断壮大的重要根基，先进、优秀的文化资本也是企业市场竞争力的基本构成内容之一。

对民宿型酒店而言，文化是不可忽视的。民俗型酒店就是在当地特有的民族文化基础上建立的，这类酒店包含着当地的文化与民俗风情，这是吸引旅客入住的首要因素。因此，可以说文化是民宿型酒店发展的生命源泉。一般来说，民宿型酒店包含的文化内容大致可分为两类：物质文化与非物质文化。物质文化是指建筑、服饰等；非物质文化是指当地人在社会实践中创造的各种精神文化，如独特的风俗习惯、民俗活动等。总之，文化是民宿型酒店的内涵所在，失去文化，民宿型酒店就失去了特色与活力。

（三）创造性破坏理论

经济学家熊彼特提出了创造性破坏理论，他认为"创造性破坏"是资本主义发展的本质所在，具体来说，资本主义的发展、壮大是通过破坏原有的经济结构，实现经济结构的创新和重塑。每一次创新都意味着旧技术、旧模式被淘汰，新的生产体系随之诞生。对市场而言，当一个产品或服务的销售已处于停滞状态，这就意味着该产品或服务需要进行创新，只有破坏一成不变的内部结构才能让产品打破市场，赢得关注，并再次流通。这个过程在市场规律的作用下是循环往复的，淘汰与创新始终在进行。

创造性破坏理论也给民宿型酒店的经营与发展提供了一个新思路，民宿型酒店是推动乡村变革的重要突破口，它在市场推动下可以不断创新、发展，激活乡村振兴的火种，从而引领乡村与时代接轨，打破落后、僵化的传统乡村形象。

（四）包容性旅游理论

和谐的社会环境是事物生存、发展的基础条件，任何一个环节被破坏都会导致发展失衡，引起新的社会问题。所谓包容性旅游就是要在复杂的社会环境中维持平衡，实现旅游行业的包容性发展。具体来说，包容性旅游需要政府、企业、社区和其他社会力量共同参与，其中政府规划是旅游服务主体，旅游企业是经营载体，旅游社区居民是受益群体，其他社会力量就是包容性旅游的参与者。政府的规划与政策是包容性旅游发展的基本保障，它可以让弱势群体表达自己的心声，让更多社会力量参与旅游发展，让人们获得更多的就业机会，尤其是让贫困地区的人民赶上经济发展的好时机，同时，让更多的人享受旅游经济成果，从而在一定程度上减少社会贫富差距，创建一个美好的旅游环境，最终实现旅游的多元化发展。

旅游发展包容性理论的最终目的是通过理论指导实践，在旅游建设中推动资源相对均衡的分配，实现共同富裕。利益均衡不是包容性增长，但包容性增长的实现，要靠利益均衡机制的设计。一个良好的社会环境是民宿型酒店发展的基本条件，也是民宿型酒店生存发展的重要条件，旅游的发展在一定程度上带动了当地的经济发展，但也引发了分配不均等问题。增强对贫困人口和对旅游经济成果享受较少的一部分人的扶持，努力实现分配上的均衡，这给民宿型酒店的发展创造了一个有利的环境。

第二节　民宿型酒店的发展状况

一、民宿型酒店的发展成果

（一）探索出典型模式

各地依托自身历史文化及环境优势，逐步探索出了特色民宿型酒店的发展模式。

1. 丽江模式

丽江的民宿型酒店是依托当地独有的民俗风情建立起来的，其大部分民宿是利用当地居民的自用宅或租借的民宅改造而成的。丽江民宿型酒店最显著的特点是民宿多发于天然，沿袭了传统的纳西族建筑风格，如三坊一照壁、四合五天井等，具有独特、鲜明的民族特色。如今，丽江的民宿型酒店仍在不断发展，并呈现出新的特征：酒店朝着精品化、连锁化趋势发展、升级，使原本散落的、自发的、独立经营的酒店逐渐形成连锁品牌，如"花间堂"等；此外，随着民宿型酒店连锁化趋势的加深，这些知名的民宿品牌还成了丽江吸引游客的招牌之一。

2. 莫干山模式

莫干山模式既不同于完全以资本为主导的市场化模式，也区别于以社区为自治主导型的模式，而是市场、政府与社区多元主体互动的一种模式。莫干山民宿型酒店是在"天时地利人和"的基础上发展起来的。民宿型酒店产业作为莫干山社区营造的切入点，始于外来资本与政府的结合，在民宿型酒店落成于莫干山并初见成效之后，当地居民被其收益与有效的经营方式所激励，开始介入并盘活全域力量，为乡村建设开辟出一条崭新的道路。民宿型酒店本身就是当地的人文、自然景观、生态环境以及乡村其他资源的集合，乡村地域特色的文化内涵融入乡村房屋的建筑设计中，且其经营不仅限于为游客提供乡村住宿，还包括餐饮、乡村体验等内容，以及其他一切与民宿型酒店相关的产业，如传统手工艺与文化的体验、乡村农业的物产经营、景观的体验等。莫干山民宿型酒店产业的产生，依托于名山优美的风景与丰富的物产，加之地处长三角中心地带，周边都市群的消费能力强，为民宿型酒店产业发展提供了十分有利的条件。

（二）形成主要品牌

简单来说，品牌就是证明自身产品品质并区别于其他同类产品的标志。如今，品牌的含义已经得到了拓展，还包含着该企业的企业文化、企业精神等内容，是企业立足市场、扩张市场占有份额的撒手锏。品牌化，是指为产品或服务设计品牌名、标识、符号、包装等可视要素，以及声音、触觉、嗅觉等感官刺激，以推动产品（或服务）具备市场标的和商业价值的整个过程。品牌化，是创建和培育品牌的起点，也是品牌管理者的常规性工作。虽然民宿型酒店是否需要品牌一直饱受争议，但是民宿型酒店行业的发展正在逐步走向品牌化的道路已经成为事实。这一方面反映了我国消费者对品牌信赖的惯性；另一方面，这说明在我国民宿型酒店行业中的"个体、副业及主人情怀"这些初衷正在被企业化取代。国内民宿型酒店已经有游多多客栈、花间堂、猪栏酒吧等品牌。

游多多客栈：游多多客栈以多样化、单价低为卖点，该品牌汇聚了青年旅社、民宿酒店、家庭旅馆等多种类型的酒店，以旅行驿站概念塑造品牌特点，其目标是为每位旅行者打造"旅途中的家"这一体验。游多多客栈采取商家自营、自主管理的模式，由总公司制定规范的经营标准，旗下商家按照规范进行经营，主要以O2O模式为主。O2O模式的推行让旗下的中小型酒店能通过网络实现品牌宣传，这种模式的顺利推行还得益于游多多客栈推出的一系列相应保障措施，如"入住保障"服务、酒店"有房指数"预订指标、酒店"客栈直营"商家服务准则等，这些措施让消费者权益得到了保障，大大提高了消费者对品牌的信任度。游多多客栈的线上订房、网络经营策略开启了国内在线住宿预定行业的先河。

花间堂：花间堂因为是最早从事民宿型酒店的行业，也被称为"民宿型酒店第一品牌"。其独具特色的花间美学、融入当地的人文和历史传承、以家为理念的优质亲切服务，获得了各界的高度认可。"家"代表儒家，是礼教的传承；"庭"代表道家，传递师法自然的放松。花间堂以"家的传承＋庭院生活"的主题成为中国文化推手的原点。花间堂小而精的酒店皆建在了如丽江、苏州、无锡、周庄这样有"文艺范"的地方，而且所选的每处地址都颇有渊源，这正好符合那些喜爱探究城市文化的"文艺青年"的心思，同时契合了花间堂"家的传承＋庭院生活"的主题。花间堂的品牌核心是"家＋庭"的思考。将高端精品酒店的服务理念与地方民居、民宿等人文特色完美融合，开创了文化精品度假酒店的先河，现在丽江、束河、香格里拉、周庄、苏州、杭州等地连锁经营，同里、无锡、阆中等地也即将有新店开启。

猪栏酒吧：猪栏酒吧既与猪栏无关，也不是一个酒吧，它实际上是一个乡村客栈，其特别之处在于不对外开放，只接受预订入住。猪栏酒吧位于安徽省黟县，创建者将明朝的徽州老宅改建成客栈，并分为一、二、三吧，猪栏酒吧在保护乡土建筑的基础上，开创了一种新的乡居方式，赋予了古建筑新的活力。猪栏酒吧保护并修缮了古建筑，将古建筑的历史文化气息与现代诗意又充满设计的乡居概念相结合，旨在打造一种与世无争、大隐于市的田园生活。

（三）组建行业协会

民宿型酒店行业协会对于行业规范、协调发展具有重要作用。民宿型酒店经营主体多为家庭或个人的小微企业，在社会上缺乏发声的渠道及社会影响力。因此，为了扩大影响、保障自身权益，民宿型酒店企业需要聚沙成塔，这就推动了行业协会的产生。随着社会经济的发展，政府只能逐步由行业的指导者转变为行业的协助者，同时，由于政府预算与人员有限，政府官员不一定能准确了解民宿型酒店行业，民宿型酒店行业协会恰好能够完善其不足，也可起到引导行业自律的重要作用。

1. 国际民宿型酒店联盟

国际民宿型酒店联盟成立于 2016 年 5 月 31 日，是首届中国（桐庐）国际民宿型酒店发展论坛的一个子环节。此论坛由中国新闻社、浙江省农业和农村工作办公室、浙江省旅游局、杭州市人民政府、国际休闲产业协会、中国乡村文化研究院、中国农村发展研究院指导，杭州市农业和农村工作办公室、杭州市旅游委员会、桐庐县人民政府、中国新闻社浙江分社共同主办，中国新闻网、中国新闻周刊特别支持，杭州市商贸旅游集团有限公司等共同协办。国际民宿型酒店联盟致力于推动国内民宿型酒店的规范发展，通过搭建海内外合作平台、探寻多样化的民宿酒店产品与服务等方式建立一体化的民宿型酒店产业链，实现资源整合，进而打造民宿型酒店品牌，提升其知名度与影响力。

2. 福建省旅游协会民宿型酒店分会

福建省旅游协会民宿型酒店分会于 2018 年 4 月 17 日在福州正式成立。分会与民宿型酒店分会顾问委员会专家库专家共同研究了具有福建区域特色的民宿型酒店行业管理服务标准，用以指导民宿型酒店行业规范发展民宿型酒店，共同维护福建民宿型酒店金字招牌。同时，分会还组织了民宿型酒店行业骨干参与上级单位民宿型酒店课题研究，其研究成果多用于指导民宿型酒店行业规范和长久发展；积极整合民宿型酒店分会的品牌和资源整合优势，与专业的网络技术团队合作，开发好民宿型酒店推介和交易平台。民宿型酒店分会是福建民宿型酒店品牌打造和发展的平台，完成品牌打造主要有以下步骤：第一，建立民宿酒店行业服务投诉中心，开放投诉热线，积极维护旅客的入住体验并创建良好的服务环境；第二，积极策划民宿酒店评比大赛，积极开办旅游节，通过宣传吸引游客；第三，与当地高校合作办学，培养更多酒店管理专业人才，向市场输送专业知识基础扎实、职业态度良好且善于创新的人才。

3. 北京市民宿型酒店联盟

北京民宿联盟成立于 2016 年 8 月 26 日，由九源智业携手多彩投、佳乡学院倡导发起，并由风林宿、山里寒舍、麦语云栖、原乡里·水泉 031、北京壹号院、大地乡居、旅课草堂、森林乡居、国奥乡居、首旅寒舍、乡志·圣水鸣琴、云掌柜、村游等民宿型酒店行业预订平台、媒体公司联合发起。基于北京勘察设计协会的指导，北京民宿型酒店联盟将北京民宿型酒店上下游行业整合成一个整体，从而进行品牌推广、市场发力，以实现共同成长。

二、民宿型酒店的发展特点

（一）起步晚，发展快

我国的民宿型酒店起步较晚，一部分民宿型酒店仍停留在简单提供住宿或餐饮的初级阶段。随着我国经济的快速发展，人民的生活水平逐渐提高，物质需求得到极大满足，人们转而追求精神生活的提高，旅游便成为其中一项重要选择。人们的可支配收入越来越高、交通条件越来越发达，为旅游的实现提供了基本的物质基础和出行条件，极大地刺激了各地的旅游发展。随着旅游经济产值的增长，旅游产业被官方定为支柱性产业，有些省份的旅游发展在全国名列前茅，是旅游大省、强省。旅游越来越普遍，成为广大人民群众生活中的重要组成部分，这标志着大众化旅游时代的到来，旅游也不再是以前那样只单纯地看山看水、游览名胜古迹了，而是不断涌现出了个性化、体验式的旅游形式。在这样的背景之下，住宿业中的民宿型酒店，尤其是具有强烈民族特色、个性特征的少数民族地区的民宿型酒店开始在市场上逐渐出现，并越来越受到旅游者的青睐。如今，旅游住宿业的形式主要有三种，即星级标准、品牌标准和非标住宿。这三者共同构成了广义上的旅游住宿业态的格局。

（二）呈现高速发展

目前，我国民宿型酒店呈现出以旅游景区为中心，向四周辐射的分布特点。随着原有旅游资源的完善和新旅游资源的不断开发，我国旅游行业呈现出一片繁荣的趋势，民宿型酒店也在蓬勃发展。越来越多的民宿型酒店进入游客的视野，其个性化、多元化的住宿体验也吸引着诸多游客，民宿型酒店行业得以迅速壮大。除此之外，我国也出台了一些相关的扶持政策，促进了民宿型酒店的发展，我国的民宿型酒店正逐步进入高速发展的时期。

（三）品质消费驱动

从马斯洛需求层次理论上来说，受过高等教育的人群更注重精神上的享受，选择民宿型酒店能满足他们对这一方面的需求；民宿型酒店的价格从总体上来说要比普通旅馆高，所以消费的人群大多集中在收入中等偏上的群体。该群体对休闲度假的需求、生命质量的追求较为强烈，且事业周期驱动了他们对休闲时间的享受与释放压力的渴望的不断攀升。中产阶级崛起一般由一线城市开始，目前，我国三四线城市的中产阶级消费需求也在不断攀升，中产阶级已然成为民宿型酒店行业的主要消费群体和持续发展的核心动力。从目前有代表性的民宿型酒店品牌供给品质的提升、价格不断攀升及入住率居高不下的情况就能很好地反映出这一消费群体的驱动作用。

（四）缺乏行业规范

"互联网＋"背景下，我国民宿型酒店发展迅速，遍地开花。但目前我国官方仍没有对民宿型酒店进行准确而统一的定义，其概念模糊，且各地民宿型酒店发展层次不一。大部分地区的民宿型酒店仍然停留在初级的农家乐阶段，存在管理理念滞后、服务能力低下、硬件设施简陋、环境质量差等诸多问题，无法满足顾客需求，亟须转型升级。民宿型酒店的从业人员还应经过卫生培训和健康检查，持证上岗。民宿型酒店经营必须依法取得当地政府要求的相关证照，并满足公安机关治安消防的相关要求。

（五）重利益轻服务

现在，许多民宿型酒店经营者只看到了"经济"，呈现出重利益轻服务的错误倾向。例如，部分民宿型酒店以破坏环境、毁坏自然资源为代价，获得利益，但这种做法违背了科学发展观，也不符合习近平总书记提出的"绿水青山就是金山银山"的科学论断。前文也提到，民宿型酒店是在当地特有的民族文化和风俗基础上建立起来的，因此，若不及时更正重利益轻服务的错误取向，以破坏当地自然和人文环境为代价，最终会导致民宿型酒店走入穷途末路，失去发展初衷。总之，民宿的发展既有机遇，也带有挑战，经营者们想要持续营利，就应当提升服务质量，关注游客的住宿体验，打造好口碑，自然能吸引更多游客入住。

（六）风格同质化

民宿型酒店与普通酒店的本质区别就在于民宿酒店不仅满足游客的基本住宿需求，还能为入住者提供独特的风俗民情体验。但是，目前我国民宿型酒店呈现出同质化的趋势，若持续发展下去必然会导致酒店完全丧失自己的特色和个性，顾客也会因此产生审美疲劳，这不利于民宿型酒店的长期发展。

（七）法律不完善

我国虽然也出台了一些支持民宿型酒店行业发展的政策，但由于国内民宿型酒店起步较晚，发展尚不成熟，未形成统一的经营标准，因此，许多地区的民宿型酒店存在着无照经营、管理混乱等情况。此外，由于相关法律、法规尚不完善，民宿型酒店缺乏合理的市场监管，常常会出现顾客入住期间自身利益受损却无法及时维权的情况，这大大影响了人们对民宿型酒店的观感，降低了民众对其的信任度，不利于酒店的发展。基于此，政府应及时完善法律、法规，对民宿型酒店进行合理、规范的管理，维护入住旅客的合法权益。

（八）营销方式单一

"互联网＋"背景下，民宿型酒店的快速发展离不开营销方式的创新，营销是使任何行业都能有效发展的途径。但是当前我国很多地区对民宿型酒店经营管理都缺乏对营销方式的思考，所采用的营销方式过于单一：以传统县镇活动的辐射带动作为重要形式，并借助于政府宣传等吸引小范围的游客。这样虽然能够起到一定的营销作用，但并不能满足民宿型酒店行业的整体发展需求，因此必须对营销方式进行创新。互联网在当前已经成为带动各个行业发展的重要力量，但在民宿型酒店经营管理中对互联网的运用较少。由于管理者的互联网意识不足且技能较低，所以很难将互联网引入民宿型酒店经营管理的过程中，无法借助互联网对营销方式、营销渠道等进行拓展，阻碍了民宿型酒店行业的高效发展。

（九）服务水平较低

我国当前的民宿型酒店行业在发展过程中，往往缺乏对从业人员的培训，导致从业人员在工作中的热情不够，无法更好地接待游客，影响了行业的快速发展。同时，民宿型酒店从业者的服务意识较为薄弱，并且缺乏专业的管理知识和技能，在工作中容易忽视顾客的需求，没有融入人文关怀和个人情感，影响了整体的服务质量，这一问题需要尽快解决。民宿型酒店行业的发展并不单单将地区的风俗文化以及格局、格调等作为重要内容，风土人情、当地人民在实际生活中的习俗以及独有的待客之道、性格特征等都是民宿型酒店发展中不可或缺的内容。

三、民宿型酒店的发展建议

（一）关于提高民宿型酒店质量水平的建议

1. 系统的行业培训

"互联网＋"给民宿型酒店提供了天然的线上推广渠道，尤其是互联网的信息共享性为民宿型酒店的线上推广服务带来了诸多便利。在这样的背景下，民宿型酒店想要提高自身经营质量，打响知名度，就需要对从业人员进行严格把控。首先，从酒店的从业资质来看，线上平台要加大对民宿型酒店入驻资格的审核，建立严格的准入制度和考核制度；其次，民宿型酒店还要进行系统的行业培训，提升从业人员的服务水平和服务态度，从而打造酒店经营管理的高素质核心团队。具体来说，酒店行业培训可以从以下几个方面入手：

第一，定期对民宿型酒店的经营管理主体进行辅导和培训，为其传输经营管理以及服务能力等方面的知识，使其不断提升经营管理能力，增强服务意识。民宿型酒店的经营需要管理者有专业的素养、熟练的业务操作能力、高水平的服务质量和较强的管理能力，还应引进星级酒店专业人士对员工进行培训，培训合格后再上岗。

第二，根据地区的实际情况成立对应的管理组织机构，该组织机构对民宿的发展负责，采取有效措施来引导民宿型酒店向正确的方向发展，并鼓励经营主体发挥主观能动性，为游客提供优质的服务。同时，组织管理机构还要负责民宿日常的纠纷处理、投诉处理、监督等工作，保障民宿型酒店的稳定发展。

第三，注重对"互联网+"的运用，借助"互联网+"将各个经营主体联系起来，并定期在相关的互联网平台上发布经营管理信息，转变经营主体的思想观念，更主动地打造干净整洁的环境、轻松愉悦的氛围，让游客能够从每一个细节中体会到民宿型酒店的亲和力、人情味，从而对民宿型酒店产生好感，进而提高游客再次入住的概率。

2. 突出当地的特色

我国民宿型酒店起步较晚，发展模式尚不成熟，而国外民宿型酒店的发展已经成熟，我国可以借鉴其发展模式，并在此基础上探索符合自身特色的发展路径。首先，民宿型酒店要关注人文情感渲染，依托本土文化打造区域特色明显的酒店文化，予以旅客别样的风俗体验；其次，民宿型酒店不是只以营利为目的的酒店，"人情味"是酒店的重要人文元素，因此经营者应重视与顾客的互动，在其入住期间为其提供温暖、舒适的服务，以口碑吸引更多顾客入住；最后，在依托互联网进行线上宣传时也要注意结合当地文化，突出酒店特色，打造具有吸引力的民宿文化。

民宿型酒店的特色和风格能够反映出当地人的艺术品位、生活追求、个人偏好等，民宿型酒店出租的过程也是与游客分享自身乐趣、理想和生活的过程，这也是民宿型酒店区别于酒店和旅馆之所在。因此，为了推动民宿型酒店行业的更好发展，应当不断提升民宿型酒店设计的特色化程度，增强其吸引力，以更好地吸引游客。在设计民宿型酒店的时候应当结合地区的风土人情、文化习俗，并确定不同的主题，提升设计的有效性，切忌将所有的民宿型酒店都设计得整齐划一，丧失民宿型酒店原有的特色和格调。另外，在互联网快速发展的背景下，网民的数量不断增多，在设计民宿型酒店的时候也可以借助互联网中流行的特色化造型或者网红造型、网红格调等，打造更具有时代气息的民宿型酒店，增强特色效果。

（二）关于提高民宿型酒店宣传营销的建议

1. "互联网+"与短租平台

"互联网+"短租平台是民宿型酒店宣传营销的主要途径之一，此处以国内的小猪短租为例进行介绍。小猪短租是一个专门为游客提供民宿查询、预订等服务的平台，游客可以根据需要在小猪短租中查询全国各地的民宿型酒店，小猪短租为民宿型酒店专门设立了"小猪管家"和"揽租公社"两项内容，不仅能为民宿型酒店进行宣传，还能为酒店经营者和酒店顾客提供线上交流的渠道，拉近两者的关系。

"互联网＋"短租平台是目前市面上为数不多的专为民宿型酒店设定的平台，民宿型酒店可以借助这一渠道塑造品牌形象，加大宣传力度，让更多人认识、了解民宿型酒店，最终实现旅游业与民宿型酒店行业的良好互动，即民宿型酒店可以帮助顾客了解当地旅游景区的特点，从而让旅游业也获得相应发展。

2. "互联网＋"与创新营销

在当前互联网快速发展的背景下，民宿型酒店的相关负责人应当充分运用互联网，借助互联网对民宿型酒店的营销方式进行创新，突破传统单一的营销限制。比如构建网站，通过网站对地区的民宿型酒店进行宣传，并以音乐、视频、图片等多种形式来全方位地、立体化地呈现民宿型酒店特征，吸引更多的游客。民宿型酒店还可以借助微信公众号、手机 App、微博等各种新媒体进行推广和宣传，为游客呈现更为全面的民宿型酒店信息，使游客足不出户就能够对各个地区的民宿型酒店情况进行深入了解和对比。另外，将"互联网＋"嵌入民宿型酒店旅游中，可以推动民宿型酒店旅游产业链的全面延长，游客能够借助互联网进行旅游行程的安排，并满足游客吃、行、住、购、娱、游等多种需求。将互联网经济与民宿型酒店发展联系起来，更好地开展民宿型酒店经营管理，能够在优化民宿型酒店经营管理模式的同时，拓宽民宿型酒店的发展范围，丰富营销渠道，从而带动民宿型酒店行业的可持续发展。

3. "互联网＋"与文化营销

很多本土的民宿型酒店软硬件配置其实还不错，但其由于缺少文化艺术氛围和品牌效应，难以吸引注重文化氛围的顾客。因此，民宿型酒店要采用"互联网搭台，文化营销"的策略，努力渲染文化艺术氛围，甚至营造一种生活方式，形成竞争优势。"互联网搭台，文化营销"的策略意味着本土民宿型酒店还要改变思维方式，在管理、服务、营销等方面注重突出文化元素、渲染艺术氛围，这是民宿型酒店必须要学会的差异化经营发展之道。

第三节　民宿型酒店的系统管理

一、民宿型酒店的人力组织架构系统管理

和任何组织一样，民宿型酒店也应该具有自己的组织架构。组织架构（又称组织结构），是表明组织各部分的排列顺序、空间位置、聚散状态、联系方式，以及各要素之间相互关系的一种模式，是整个管理系统的"框架"。对民宿型酒店来说，想要应对如此激烈的市场竞争，就必须构建适合自身发展特点的管理系统，设置完善的管理机构，从而提升管理质量，增强自己与市场抗衡的能力。具体而言，由于每个民宿都有其自身的特点，规模、定位、等级等都有所不同，各民宿自然对管理的需求也不相同，因此，需要构建一个高效、合理的人力组织架构管理系统，这就需要以契合民宿自身特点为基点，以满足顾客需求为目标，以提升产品、服务质量为原则。总之，一个行之有效的管理系统能达到节约成本、提升经营效益等效果。

（一）单体民宿型酒店的组织架构

对于单体民宿型酒店而言，房间数量的多少决定其组织机构的设置。

1. 小型单体民宿型酒店的组织架构

小型单体民宿型酒店指房间数量在 2～5 间的民宿型酒店。民宿型酒店经营者一人可身兼数职：创始人、老板、前台、保洁人员、公众号运营者、夜间值班人员、向导、司机。其组织机构可简单地划分为：民宿型酒店主＋员工，此模式下的民宿型酒店主和员工基本为多面手，一人可以承担若干项工作任务，如图 5-1 所示。

图 5-1　小型单体民宿型酒店的组织架构

2.中型单体民宿型酒店的组织架构

对于房间数量较多（5间以上）的民宿，涉及的工作繁杂专业，必须有一个靠谱的团队和专业分工，其组织机构可以划分为：民宿主＋前台＋清扫员＋民宿管家，如图5-2所示。

图5-2 中型单体民宿型酒店的组织架构

（二）连锁民宿型酒店的组织架构

连锁经营的民宿型酒店除了每家门店有相应的组织机构设置，还需要有一个强大的运营团队，其组织机构可划分为：CEO＋设计部总经理＋运营部总经理＋工程部总经理＋运营部副总经理，如图5-3所示。在每家门店的团队搭建中，人力、财务、采购、市场与销售、预订、客房管家、餐厅、厨房、顾客活动、工程，每个部门或者分支的工作都缺一不可，这些工作内容虽然不需要细分到独立部门，但是需要有专人来负责相应模块的运营。每家门店组织结构可参考单体民宿型酒店的组织结构设置。

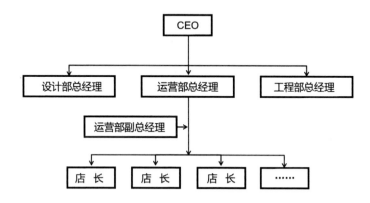

图5-3 连锁民宿型酒店的组织架构

117

二、民宿型酒店常规服务与运营系统管理

（一）民宿型酒店的接待服务系统管理

"互联网＋"环境下，网络口碑较低一直是困扰很多民宿型酒店经营者的难题，其原因主要在于民宿型酒店提供的服务不能满足消费者多元化的需求，服务与价格的不匹配，是引起消费者投诉的最主要原因。民宿型酒店经营者应考虑如何丰富服务项目，设计各种替代方案，以减少无法满足消费者需求的情况，以下将从民宿型酒店的前台服务、客房服务、餐饮服务等方面入手，系统地介绍民宿型酒店的服务接待管理系统。只有真正做好民宿型酒店的接待服务，才能够守住民宿型酒店的口碑，民宿型酒店才能在"互联网＋"的环境下获得发展。

1. 民宿型酒店的前台服务 [①]

民宿型酒店的前台接待服务包括总机服务、客房预订服务、迎宾服务、入住接待服务。民宿型酒店对客服务是指服务人员面对面地为顾客提供各种服务，满足顾客提出的符合情理的要求。只有掌握各项对客服务工作的程序和标准，才能更好地提供服务，提高顾客的满意度，以下将分别介绍民宿型酒店各项前台服务的细则和标准。

（1）总机服务

民宿型酒店一般不专门设置总机，通常由前台接待员兼任。民宿型酒店总机的服务质量直接影响顾客对民宿型酒店的印象。总机服务在对客服务及民宿型酒店经营管理过程中发挥着非常重要和不可替代的作用。

①接听电话。民宿型酒店的前台人员接听电话需要注重以下几点：其一，及时接听。前厅服务人员听到电话铃声，要立即接电话，铃声不应超过三声，这样才能体现民宿型酒店的工作效率。其二，问好并自报家门。接听电话要求用普通话。通话时，听筒一头应放在耳朵上，话筒一头置于耳下约五厘米处，中途若需与他人交谈，就用另一只手捂住话筒。简单问候后，迅速报出民宿型酒店名称。其三，认真接听。电话接线要迅速准确。接听电话时要集中精力，如两部电话同时铃响，先接其中一个，向对方致歉，请其稍等一下，迅速接另一个电话。其四，使用礼貌用语。接打电话时要注意使用礼貌用语，任何时候都不能使用"喂""不知道""什么""不在""我很忙"等词句，或者随便挂断电话。热情、措辞恰

---

① 洪涛，苏炜 . 民宿运营与管理 [M]. 北京：旅游教育出版社，2019：110-116.

当的语句是成功回答电话的一半，不要用非正规、非专业化以及不礼貌的词语。其五，做好记录。若是重要的事，应做记录。记录时要重复对方的话，以检验是否无误。电话接听完毕之前，不要忘记复述一遍来电的要点，防止记录错误或者偏差而带来误会。其六，结束通话。通电话以对方挂断电话方为通话完毕，任何时候都不得用力掷听筒。要等对方先挂断，然后再轻轻放下话筒。

②叫醒服务。民宿型酒店的叫醒服务包括四个步骤：其一，接受叫醒。问清顾客房号、姓名及叫醒时间；复述并确认顾客的叫醒要求；填写叫醒记录表。其二，使用定时钟。在定时钟上定时。其三，叫醒顾客。定时钟响后，用电话叫醒顾客。若无人应答，隔3分钟再叫一次。若再次无人应答，应到顾客的房间，查明原因，采取相应措施。其四，叫醒完毕后，在叫醒记录表上登记注销。

（2）客房预订服务

民宿型酒店的客房预订是指在顾客抵店前对顾客的预告订约。民宿型酒店的利润收入靠的是成功地出租客房，让顾客使用酒店的其他设施。预订服务可以开拓市场，稳定、提高客房的出租率。民宿型酒店可以掌握客源动态，预测酒店未来的业务。

民宿型酒店的客房预订服务主要有：其一，了解顾客需要。仔细阅读网络信息，了解顾客需要及顾客情况，如预订人及顾客姓名、联系电话、到店及离店时间、要求的房间类型及间数、房间价格及附加服务。其二，查看房态。检查房间的状况。其三，接收预订确认书。确认书里要有说明民宿保证类预订和预订未到的收费规定。其四，复述核对订房。将下载的订房信息输入计算机，确保计算机中有预订信息且信息输入准确。其五，发出订单。回复确认，发出订单。其六，留存资料。存放在资料夹中以便查找订房资料。

（3）迎宾服务

迎宾服务是民宿型酒店直接为顾客提供迎接和欢送，并且提供运送行李的相关服务，是民宿型酒店的服务质量体现。顾客抵店时的迎接服务工作，时间虽不长，影响却很大，往往会给顾客留下深刻的印象。民宿型酒店应提供热情礼貌、主动周到的服务。

让顾客抵达民宿型酒店轻松入住是一切接待的基础，顾客到达的是一个陌生的地方，提前和顾客沟通、清晰简单的入住程序非常重要。民宿型酒店管家需要尽可能地亲自接待第一次来访的顾客，帮助顾客了解客房的安全使用事项。

（4）入住接待服务

民宿型酒店的入住接待是民宿型酒店工作的核心内容。服务质量的好坏直接影响顾客的感知度。民宿型酒店的入住接待服务主要有：其一，问候顾客。热情友好地问候顾客，向顾客表示欢迎，主动为顾客提供帮助，主动确认顾客姓名并问候顾客。其二，办理入住手续。办理入住手续时要和顾客确认房费与房型。在最短时间内为顾客办理完入住手续。其三，准备钥匙。为顾客准备钥匙、钥匙包，介绍用早餐时间与地点等。其四，信息储存。接待完毕后，立即将所有有关信息输入电脑，包括顾客姓名、地址、付款方式、国籍、护照号码、离店日期等。检查信息的正确性并登记存档，以便随时查询。

2. 民宿型酒店的客房服务

顾客住店期间，不仅要使客房清洁、使人感到舒适，还要提供相应的服务，客房服务是民宿服务的重要组成部分。

（1）进房服务

引领顾客进房服务主要包括以下步骤：其一，引领顾客进房。在顾客左前方或右前方约一米处引领顾客，途中介绍民宿情况，热情回答顾客的问题。到房门口后，告知顾客这就是他预订的房间，用顾客的钥匙将门打开。打开房门后，退到门边，请顾客先进房间。其二，介绍房内的设备设施。视情况向顾客简单介绍客房（如顾客比较疲劳或熟悉客房的设施设备，则不需介绍）。告诉顾客联系方式，以便有事联系。预祝顾客住得愉快，面向顾客关上房门，退出房间。其三，做记录。在《管家服务日报表》上做好记录，见表5-2。

表5-2 管家服务日报表

项　目	内　容	管家签名
迎送宾客		
客房服务		
宾客拜访		
投诉处理		
其他工作		

（2）住房服务

①开床服务。为了让顾客有一个舒适的睡眠环境，一些高档的民宿为顾客提供开夜床服务。夜床服务主要包括三项工作：房间整理、开夜床、卫生间整理。开床服务的具体程序如下：

其一，进入客房。按进房程序进入客房。如客房有"请勿打扰"标志，则不能进房。

其二，开灯。逐一打开房灯，检查是否正常。

其三，关窗帘。拉上厚薄两层窗帘。

其四，开夜床。双床间住一位顾客，一般开临近卫生间的那张床，折角开向靠床头框的一侧；住两人则各自开靠床头柜的一侧。大床间住一位顾客，开有床头柜的一侧；住两人则开两侧。

其五，放置晚安卡等物品。将晚安卡、遥控器、拖鞋放在规定的位置。

其六，打开电视。检查电视频道是否正确，音像是否清晰，并将其调至规定的频道。

其七，清洗烟缸及杯具。将脏烟缸放入卫生间备洗，杯具最好更换。

其八，收集垃圾。收集房内垃圾，将垃圾倒入大垃圾袋内。清洁垃圾桶，更换垃圾袋。

其九，整理客房。整理客房内零乱的物品，使之归位。

其十，补充客用品。补充房间客用消耗品。如有加床，需按规定添加客用物品。

其十一，整理卫生间。清洗烟缸等用过的器皿，擦干后归位。清洁顾客用过的卫生洁具。将防滑垫平铺在淋浴间地面上。如果是浴缸，将浴帘拉开三分之二，浴帘底部放入浴缸内；将地巾展开，平铺在紧靠浴缸的地面上。补充卫生间的消耗品。

其十二，自我检查。检查是否有遗漏之处。

其十三，关灯离房。顾客不在房间，关灯（保留床头灯），关门离房；顾客在房间，则需礼貌地向顾客道晚安后退出房间。

其十四，填写报表。按要求填写管家服务日报表。

②加床服务。加床服务是民宿提供的服务项目之一，通常分加成人床与婴儿床。

成人加床服务程序主要有：

其一，做好记录。接到加床服务的通知后，服务员应立即在工作单上做好记录。

其二，准备物品。将添加的物品送至客房。

其三，铺床。如顾客在房内，主动询问顾客，按顾客要求摆放好加的床。如顾客无特别要求，将加的床放在规定的位置并按铺床程序铺好床。

其四，添补客用品。按要求添补杯具、茶叶及卫生间客用消耗品。

其五，关门离房。将门轻轻关上。

其六，按要求在工作单上做好记录。

婴儿床服务的程序主要有：

其一，做好记录。接到加婴儿床服务的通知后，应立即做好记录。

其二，加放婴儿床。将婴儿床放在房间适当的位置并按要求铺床。

其三，补充客用品。在增加婴儿床服务的客房中应增加以下客用品：儿童香皂1块；沐浴液1瓶；小方巾1条；脸巾1条；儿童牙具1套；儿童拖鞋1双。

其四，填写报表。按要求在工作单上做好记录。

③租借服务。除提供给顾客最基本的住宿条件以外，民宿还需购置一定数量的常用物品以满足顾客的需求，可供顾客租借的物品通常有充电器、旅游洁具包、台灯、婴儿洗澡盆、防过敏枕头、接线板等。

（3）离店服务

离店服务是顾客在民宿的最后印象，员工应重视并做好结账、送客等服务工作，给顾客留下良好的最后印象。在"互联网＋"时代，电子口碑已不再局限于传统的口口相传，而已成为当今网购者在购物前最关注的信息来源之一。在商品信息泛滥和商品质量参差不齐的情况下，与实体店的消费相比，消费者在进行线上订购时，无法真切地了解商品情况。因此，如果消费者想通过线上订购自己满意的商品，就需要获得更多与产品相关的线上信息。而电子平台作为消费者获取商品信息的重要平台，兼具评价与参考两方面的功能，真实地反映了消费者的服务感知状况，也切实地影响了消费者的在线预订行为。离店的时候，除了向消费者提供高效服务，还应为民宿型酒店守住口碑，不让消费者把不满带出民宿型酒店，在消费者入住期间应通过察言观色、聊天等方式了解消费者的需求和不满，服务人员在消费者退房时需主动询问消费者的入住体验，征询消费者的意见和建议，并积极回应，对于不满意的消费者可予以部分补偿。

3. 民宿型酒店的餐饮服务

民以食为天，餐饮服务是民宿住宿服务的一项重要工作。一般来说，民宿提供早餐服务、茶水服务，一些民宿还提供咖啡现冲、水果现榨等服务。

（1）餐饮服务

多数民宿提供早餐服务，早餐可分两种方式提供：自助早餐与套餐。

①自助早餐服务。自助早餐服务的程序有：

其一，欢迎顾客。顾客到餐厅时，员工亲切、友善地问候顾客，使用礼貌用语："早上好，欢迎光临！"

其二，提供服务。顾客开始取自助餐时，打开所有保温炉盖，主动指引顾客拿取餐碟。巡视餐台，随时注意所有菜肴的剩余分量。如顾客告知需打包时，应帮忙拿取一次性餐具。

其三，送别顾客。顾客离开餐厅时，工作人员应热情礼貌地送客，眼睛要平视顾客，并使用礼貌用语："请慢走，欢迎下次光临！"提醒顾客带好随身物品及行李。

其四，结束工作。收回所有餐台上使用过的餐夹并密封各类调料酱汁，回收菜品。将所有菜品回收到厨房，厨房人员负责回收菜品，打扫餐厅卫生。关闭电灯、空调、电视；将门口早餐指示牌收回餐厅。

自助餐台服务注意事项：第一，应特别注意餐台卫生；第二，冷菜盘边缘应保持干净，使用口布擦拭溢出的汤汁；第三，餐台上不可有残菜物，随时归位被顾客混用的自助餐夹，脏的餐夹要及时更换；第四，添菜时间不得超过2分钟，空位应摆放"正在添菜"提示牌；第五，顾客就餐中应随时关注酒精燃烧情况，及时添加酒精以保证炉温；第六，若发现餐台上有破损、污渍餐具应立刻撤走；第七，发现菜品有问题应立即撤走，并报备管家处理；第八，在顾客就餐期间不得使餐台上的餐具空缺。

②早餐套餐服务。民宿型酒店因体量小，住客数量不多，尤其是旅游淡季，早餐用餐人数少，采用自助餐方式不容易操作，所以不少民宿型酒店采用套餐的方式为顾客提供早餐服务。套餐指一整套的饭菜组合。套餐的种类很多，在套餐中，民宿根据预期的目标组合不同规格的产品打包销售以满足顾客要求，顾客可按个人的消费标准或口味喜好来选择适合自己的组合套餐。

民宿型酒店的早餐供应不能一成不变，想要让顾客体会不同于普通酒店的人情味，还需要在餐饮等细节工作上做出努力。例如，早餐种类丰富，给消费者多样的早餐选择；灵活更新早餐种类，可以提供应季蔬菜、水果；严格把控早餐质量，提供与消费者数量对应的早餐份数。当然，在提供餐饮时要提醒消费者珍惜食物，杜绝浪费，但也要避免出现消费者不够吃的情况，酒店可以对每日餐饮剩余食物做统计分析，灵活调整供应量，如最初给每位消费者提供一杯牛奶，但经过数月统计发现更多消费者倾向于豆浆或粥类，导致牛奶总有大量剩余，这种情况下可适当减少牛奶供应量。

（2）咖啡服务

民宿型酒店提供咖啡服务，咖啡与可可、茶都是流行于世界的主要饮品。日常饮用的咖啡是将咖啡豆放入不同的烹煮器具中研磨制作而成的。此外,咖啡师在制作咖啡时应严格把控每个步骤,为顾客提供醇厚美味的咖啡。

（3）茶艺服务

不少民宿型酒店都会设计一个茶室,给顾客提供品茶、饮茶、交流之处,让顾客的身心得到放松。泡茶是中国人的发明,见证了中国茶文化的发展,带动了茶具、茶道、茶艺、茶文化的发展。泡茶讲究茶具、用水、水温、环境、心境,甚至着装（礼服）等。茶艺服务需要注意以下几点：

其一,不可用手抓取茶叶,用手抓取茶叶是不合礼仪的。从品茶角度而言,用手抓取茶叶会失去一定的文化韵味。从卫生角度来说,用手抓取茶叶会导致更多的外界尘埃沾附在茶叶上,破坏其味道。从礼仪角度来说,用手抓茶叶会使热爱喝茶的顾客觉得不卫生。因此,建议使用专用的木勺或者茶勺取茶叶。

其二,切忌以旧茶待客。无论是隔夜茶,还是泡好不久的茶,用这些来待客都会让顾客觉得自己是不受欢迎的、被敷衍的。

其三,冲茶的时候,第一次冲的茶是用来洗茶叶的,必须倒掉。因为茶叶在制作的过程中经过不少工序,必须冲洗过一次之后,才能请顾客喝。

其四,在待客过程中,需注意给顾客续茶,顾客的茶杯空了,要及时给顾客的茶杯中续上茶水。

其五,斟茶的时候,不能斟太满。因为茶是热的,斟满了,茶杯会很烫,容易烫到顾客的手,应给顾客倒七分满的茶水。给顾客斟茶的时候,要做到先尊老后爱幼,然后对顾客说声"请喝茶"。敬茶时要讲究先客后主,先给顾客敬茶,然后才给家人敬茶。

4. 民宿型酒店的其他服务

（1）会议服务

部分民宿型酒店配有小型会议室,并提供会议设备设施、会议服务,方便顾客使用。会议室主要是供顾客进行商务洽谈、会谈、小组讨论、小型研讨会等活动,根据会场的大小、会议要求和与会人数,可将会议室布置成"O"形或椭圆形、"U"形或长方形、"T"形等。会议室需根据会议要求、性质及类型来布置台面。

掌握基本的会议服务礼仪,是民宿型酒店提供优质会议服务的基础。会议开始前30分钟,服务员应在会场内做好准备工作,如叠香巾、泡茶水。管家要注意检查会场的清洁卫生、会议设备用品、绿化布置等情况,以确保会场整洁、设备良好、用品齐全,保证会议按时进行；会议即将开始时,服务员站在会议室外，当顾客到来时，有礼貌地向顾客点头致意，使用"早上（上午、下午、晚上）好"或"欢迎光临"等文明用语。同时对已入座的顾客，及时递上茶水、湿巾，茶水量一般控制在八分满。如会议桌上有会议用的设备设施，应主动介绍，协助调试，避免使用中出现问题而影响会议的顺利进行。顾客陆续入座时，服务员按礼宾次序及时倒茶水。第一次续茶水间隔为15分钟左右，往后间隔30分钟（可视情况提前或延迟），茶水温度应保持在85摄氏度以上。会议中场休息，要及时补充和更换各种用品，注意不要翻动桌面资料；会议结束后，服务员快步走向会议室门口，打开大门，站在门内侧，保持微笑，身体略微前倾，欢送顾客："请慢走，欢迎下次再来。"顾客全部离场后，服务员要检查是否有遗留物品，检查会场设备、物品的完好情况。关闭空调、电灯，把贵重的设备、物品放好，完成会场的整理工作。离开会议室时，全面检查各电源开关及烟灰筒，并锁好门。做好保密工作，不询问、议论、外传会议内容，不带无关人员进入工作区域。

（2）插花服务

插花艺术是将花卉、枝叶等进行修剪、整枝等处理步骤，对其进行组合、重构，从而制作出富有美感、具有一定审美情趣的作品的一门艺术。简单来说，插花艺术是再现生活与自然之美的艺术。对民宿型酒店装饰设计而言，插花艺术也是其一个重要部分。插花艺术能为民宿型酒店塑造别样的艺术情趣，让顾客在视觉上获得享受，产生一种温馨舒适、贴近自然之感。

（3）个性服务

民宿型酒店的个性服务是基于常规服务的基础上而进行的一种区别性、灵活性的服务。把每一个顾客当作独立的个体，针对每个个体进行服务，个性服务可以成为民宿型酒店的一个亮点。民宿型酒店要有个性服务意识及个性服务内容，能够根据顾客的特殊情况及个体情况提供针对性服务。

①一般个性服务。一般个性服务就是当顾客提出合理合法的要求时，民宿会尽量满足这些要求。所以，一般个性服务需要员工保持高度热情，对顾客的合理需求予以积极回应，树立为顾客服务的意识，真诚地为客户提供服务。

②突发个性服务。突发个性服务就是指顾客在遇到突发事件时酒店提供的服务，如飞机晚点，顾客抵达民宿的时间很晚，酒店员工贴心为其送上餐食，避免顾客因晚点而错过用餐。此类服务能给顾客带来温馨、感动，并提升顾客对酒店的好感度与信任度。

③针对个性服务。不同的顾客有不同的爱好和禁忌，如饮食方面，有的顾客只吃素食，有的顾客喜食荤腥。这些细节都需要酒店员工积极观察，搜集顾客信

息并了解其喜好与禁忌，进而为顾客提供细致、贴心的服务。

④委托代办服务。委托代办服务就是当顾客有特殊情况不便亲身办理，进而委托民宿代办的一种服务。

民宿型酒店的经营者可以对民宿从业人员开展形式多样的培训，以提升员工的服务水平、技能水平和服务意识。我国民宿从业人员长期以来存在着专业化水平不高、服务意识薄弱等问题，这在一定程度上制约了民宿的服务水平。在"互联网+"环境下，国家提倡网络教学，很多旅游院校开设了丰富多彩的网络课程，对于提升民宿从业人员的专业素养大有裨益。民宿型酒店的经营者应加强与专业院校的合作，借助高校的力量提升民宿的品质和文化背景。

（二）民宿型酒店的日常运营系统管理

1.民宿型酒店的清洁保养[①]

清洁保养工作是否到位直接影响顾客对民宿型酒店产品的满意度，也直接影响民宿型酒店的形象、氛围和经济效益。清洁保养是民宿型酒店日常管理的主要工作。

（1）制定清洁保养制度

民宿型酒店行业正向标准化、规范化的道路上迈进，必须重视相关制度的建设，使民宿型酒店的客房、餐厅等清洁保养工作做到有章可循。民宿型酒店的国家行业标准《旅游民宿型酒店基本要求与评价》于2017年10月1日正式生效，标准对民宿型酒店基础性的卫生、安全、服务方面做出了规范。在卫生服务方面，标准要求客房床单、被套、枕套、毛巾等应做到每客必换，公用物品应一客一消毒；客房卫生间应有防潮、通风措施，每天要全面清理一次。清洁保养质量管理制度主要如下。

其一，民宿型酒店清洁保养操作程序制度：民宿型酒店日常清洁保养制度；定期清洁保养计划卫生制度；杀菌消毒制度；清洁保养检查制度。

其二，民宿型酒店质量检查分析制度：民宿型酒店质量检查制度；质量分析制度；质量分析报告制度；质量档案管理制度。

制定质量制度时需注意结合本民宿型酒店的情况，要有可操作性。另外，定性、定量的标准尽可能量化，便于员工对标准的掌握和日常检查及考核。制定了制度，关键是要落实执行。例如，每家民宿型酒店都有员工培训制度，但有些酒店对其的执行力度不够，导致制度流于形式，影响了服务质量。

---

① 洪涛，苏炜. 民宿运营与管理 [M]. 北京：旅游教育出版社，2019：145-159.

（2）制定清洁保养体系

民宿型酒店的清洁保养体系多为 SOP 体系（标准作业程序体系），该体系就是按照标准、统一的格式把每件事的操作步骤一一描述出来，并以此指导酒店的日常清洁工作。一般来说，SOP 不会单独出现，而是以一个完整的体系呈现。在酒店清洁中，SOP 会按照清洁步骤和清洁标准统筹酒店的清洁工作。

①客房清扫整理。客房是民宿型酒店的主要产品，顾客在客房停留的时间最长，客房管理需要做好走客房、住客房等各类客房清洁保养工作。

其一，走客房清扫整理。走客房指顾客当天已经结账离店还未清扫整理的房间。走客房需彻底检查、全面清扫整理。

其二，住客房清扫整理。住客房指顾客正在租用、继续租住的房间。住客房需要清洁整理卧室与卫生间、补充客用物品。小心整理顾客物品，尽量不触动顾客的物品，更不要随意触摸顾客的钱包、首饰等贵重物品。

除在垃圾桶里的东西外，服务人员只能替顾客做简单的整理，千万不要自行处理顾客的物品。房间整理完毕，离开房间时，要关闭总电开关，锁好门。

其三，空房清洁整理。空房是前一天无人租用的可出租的房间。空房处于空闲的状态，地面上可能有脚印，房间有灰尘、异味。为保持空房处于良好的、随时可出租的状态，员工需每天对空房进行简单的清洁整理，主要工作为擦拭浮尘、检查房内设备设施、给房间通风换气、给水龙头放流水。连续几天空房，则需清洁地面；卫生间毛巾若因干燥而失去弹性，需在顾客入住前进行更换。

②大厅清扫整理。大厅是顾客活动的中心，它的设计和装饰风格将给顾客留下很深的印象，而大厅的清洁卫生更会引起顾客的关注，这是评价民宿型酒店服务水平最重要的依据。由此可见，大厅的清洁工作是民宿型酒店卫生工作的重点所在。

③餐厅清扫整理。餐厅卫生特别需要及时维护与清洁，因为餐厅开餐时，各种意外都有可能发生，如调味汁倾洒在地面上、咖啡或饮料倒在椅子上，应尽快去除污渍。

2. 民宿型酒店的物资管理

民宿型酒店的管理人员要加强物资采购与日常的管理，在满足顾客需求、保证服务质量的前提下，努力降低成本，提高经济效益。物资是民宿型酒店服务的物质基础，物资采购管理是民宿型酒店管理的重要内容，民宿型酒店设备品种多、投资大，管理是否科学合理，将直接影响民宿型酒店的服务质量及经济效益。

（1）物资的采购管理

物资采购是经营民宿型酒店的重要环节，它不仅是影响成本控制的直接因素，还会影响整个民宿的产品和服务质量，若采购的物资，如后厨的食材、客房的洗漱用品等品质较差，相应地也会给顾客带来不好的体验。因此，采购管理一般需要店长或经过培训的专业采购人员直接负责，严格把控。

民宿型酒店物资采购管理涉及内部管理、客房服务、餐饮服务等多个方面，采购人员不仅要与民宿内部相关的人员进行沟通，还需要与外部供应商等保持联系，时刻了解并传递供应需求。因此，采购工作并不简单，这就需要酒店对采购人员进行一定的培训，让他们对商品的特性、品质、价格等都有所了解，并学习采购的基本技能和方法，全面掌握采购信息，时刻了解市场行情，及时与外部供应商洽谈，达到控制成本，实现效益最大化的目的。例如，采购时令物品（如时令蔬果等）要摸清商品生产周期，了解市场价格变化，掌握最佳采购时机；再如采购消耗较快的日用品，要统筹品质、数量和价格，选择最优渠道。

（2）酒店的设备管理

设备管理是民宿型酒店日常管理的重要内容，加强对设备的管理，有利于保证民宿型酒店产品尤其是客房产品的质量、延长设备的使用寿命、减少设备维修更新的资金投入。

①设备的资产管理。购进设备后，民宿型酒店管理人员必须严格查验，建立设备登记档案，将需用的设备按进货时的发票编号、分类、注册、记下品种、规格、型号、数量、价值以及使用区域等。每个使用单位（一般以一个区域为一个单位）将所管理的设备登记在小组设备账本上（见表5-3）。

表5-3 设备账本

名　　称	编　　号	规　　格	数　　量	领　　出	结　　存	建账日期	经　手　人

分类：所有的设备均需分类，分类要细致。

准备账本：通常设备有多少种，账本就应有多少页，每一页应登记品种、规格、数量等项目。

编号：在建立设备档案时，要按一定的分类法进行分类编号，使每件设备都有分类号，以便管理。设备的编号，一般采用三节编码法：第一节表明设备种类，

第二节表明使用区域，第三节表示设备编号。如客房的床垫可写成：C3-6-5，C——家具类，3——客房区域，6——床垫，5——床垫的编号。

建卡：在建账的基础上，设备还要建立相应的档案卡（见表5-4）。建卡要求做到"账卡相符"，即档案卡登记设备的品种、数量要与小组账本相符，以便核对控制。设备在使用过程中发生维修、变动、损坏等情况，都应在档案卡片及相关账册上做好登记，设备的使用状况也要做好记录，以便全面掌握设备的维修情况。

表5-4 设备档案卡

名　　称	购买日期	供　应　商	价　　格
型号： 出外维修： 编号：			
日　　期	价　　格	维修项目	修理方式

为全面掌握设备的使用情况、加强对设备的管理，除了建立设备账卡，还应建立设备的历史档案。客房、餐厅、会议室、厨房，包括公共区域的设备，均须有历史档案，主要内容有设备的种类和数量、装修或启用日期、规格特征和历次维修保养记录等。

②设备的日常管理。应根据民宿型酒店家具设备的使用特性，制定设备的保养周期和保养质量要求，并严格执行。例如，房间内的铜器每天用擦铜剂擦拭一次，家具每月用家具蜡保养一次，电冰箱每周除霜一次等。为保证设备运行良好、及时发现隐患，对民宿型酒店各类设备还应制定定期检查制度，发现问题及时处理。设备一旦出现问题，应及时进行维修，否则小问题易变成大问题，增加维修工作量，缩短设备的使用寿命。设备维修有两种类型：一是小维修，二是大维修。小维修是对设备进行局部的修理或更换部分小零件，恢复其使用性能，在短时间内即可完成；大维修是对设备进行全面的修理，需花费较长时间更换主要部件来恢复其使用功能。员工必须参加设备培训，学习和掌握所使用设备的原理、结构、性能、使用、维护、维修及技术安全等方面的知识，强化设备操作技能训练。

（3）酒店的用品管理

民宿型酒店用品的选购、储存、配置、使用、控制等各环节的工作的好坏，直接关系民宿型酒店的档次高低、宾客的满意程度以及民宿型酒店的经济效益。

①用品库存管理。做好用品的保管，可以减少用品的损耗，以保证周转。良好的库存条件及合理的物流管理程序是做好用品保管工作的两个必要条件。

库存条件：其一，库房需保持清洁、整齐、干燥；其二，货架应采用开放式结构，货架与货架之间要有一定的间距，以利通风；其三，进库用品需按性质、特点、类别分别堆放，及时码放；其四，加强库房安全管理，做到"四防"，即防火、防盗、防鼠疫虫蛀、防霉烂。

物流管理：其一，严格验收；其二，分类上架摆放；其三，进出货物应及时填写货卡，做到"有货必有卡，卡货必相符"；其四，遵循"先进先出"的原则，应经常检查在库物品，发现霉变、破损要及时填写报损单，报请店长审批；其五，定期盘点，对积压的物品主动上报；其六，严格掌握在库物品的保质期，对即将到期的货物应提前向店长反映，以免造成不必要的损失。

②用品日常管理。日常管理是用品控制工作中最容易发生问题的一个环节，也是最重要的一个环节。用品的领发应由管家负责，每天根据客房、餐厅等的需要分发并做好相关记录。在用品的日常管理中，要严格控制非正常的消耗。员工在工作中要有成本意识，注意回收有价值的物品，并进行再利用。另外，还要防止因使用不当而造成的损耗。很多客用物品尤其是客用消耗品都有一定的保质期，如果库存太多、物品积压过期，难免会造成损耗。因此，民宿型酒店要根据市场货源供需关系确定库存数量，定期盘点，避免物品积压。管家应对每天的用品消耗量进行统计，对每周、每月、每季度、每年度的客用物品消耗量进行汇总，并结合盘点，了解用品的实际消耗情况，如果实际消耗情况与定额标准偏差较大，就必须分析原因。

③酒店布草管理。所谓布草就是酒店中的一切布艺制品，具体来说，包括床上用品、餐厨用品、盥洗用品等，如床单、被套、浴巾、浴袍、台布、椅套等。民宿型酒店布草洗涤一般会选择外包公司或自己洗，自己洗要注意毛巾类和床上四件套、餐厅用布草必须分开洗，要注意洗衣机所能承受的公斤数，一般是6公斤或7公斤左右。洗衣机装机八分满，不能全部装满，以免影响洗涤效果。与外洗单位进行合作时，一是需要完善合同，对于违规洗涤布草所引发的顾客投诉要求合作商共同承担责任，以此减少风险。二是在条款中标明各类布草的洗涤标准，要求洗涤机构按照布草洗涤标准洗涤，如果是将布草送到外面洗，酒店也要注意以下几点：首先，签订合同，明确因洗涤失误带来的损失由谁承担；其次，明确洗涤标准，并设置合理条款约束合作商家的洗涤行为，如洗涤未达标就中止

合作或罚款；最后，酒店方要加强监管，最好设置专门人员不定时去洗涤商家处检查洗涤情况，避免出现清洁不到位等情况。有顾客拿浴巾或毛巾之类擦拭皮鞋，导致洁白的布草上出现皮鞋油，此类污垢非常难清洗，有些直接导致布草报废；还有一些床上布草沾上血渍等污渍，洗涤前必须将所有带污垢的布草挑选出来，单独处理后再放入洗衣机清洗。民宿型酒店清洁布草是一门学问，也是留给顾客第一印象的关键，如果布草管理工作没做好，不仅会影响顾客的住宿体验，还会导致民宿型酒店整体品牌口碑变差。因此，民宿型酒店管理者必须对布草清洗的各个环节加强督导和重视。

3. 民宿型酒店的安全管理[①]

安全、舒适、方便是顾客对民宿型酒店的最基本要求，增强安全意识，提高对安全事故的预防与处理能力，是民宿型酒店工作的重要内容。目前，许多私人开设的民宿还没有与治安、消防系统联网，因而存在较大隐患。例如，有些民宿贪图省事、省钱，缺少消防设施，从业人员也缺少消防技能训练，加之许多民宿坐落于山坡、湖畔等地，若遇到突发情况则难以及时处理，存在一定的安全隐患。安全是民宿型酒店工作的生命线，没有安全就没有旅游业。

（1）配备安全设施

配备安全设施是做好民宿型酒店安全工作的必要条件。安全设施指预防违法犯罪活动、保障住户安全的系列设备，具体包括以下内容。

①电视监控系统。电视监控系统由多台电视屏幕、摄像机、自动或手动图像切换机和录像机组成。通过屏幕监控民宿型酒店各要害部位的情况，如前台收银处、出入口等。电视监控系统主要设置在民宿型酒店公共区域、客房走廊和进出口多而又不易控制的地方。电视监控系统是现代管理设施的一个重要组成部分，配置的目的是提高安全效益、优化安全服务、预防安全事故的发生、保障顾客的安全。

②消防控制系统。在民宿型酒店的客房、走廊等要害部位装置烟感器、温感器等报警器，集中管理。这些地方一旦有火灾苗头，消防控制系统就会显示火警方位，相关人员即可采取紧急扑救措施。消防控制系统主要有：其一，烟感报警器。客房内屋顶上一般安装有烟感报警器，一旦发生火灾，烟感报警器会自动发出报警信号。其二，灭火器、消防栓。在餐厅、厨房、客房走廊等处配备各种灭火器、消防栓等防火设施。

---

① 洪涛，苏炜．民宿运营与管理 [M]．北京：旅游教育出版社，2019：188-194.

③安全报警系统。防盗重点是对非法进入者进行监督控制，在出现危害顾客安全、偷盗财物等情况时，能够及时报警。安全报警系统是民宿型酒店防盗、防火安全工作的一个重要设备。

④其他安全设施。民宿型酒店的其他安全设施主要有：其一，民宿型酒店出入口门禁安全管理系统，防止闲杂人员进入；其二，客房门上装有窥镜，门后装有安全防盗扣或防盗链，张贴安全指示图，标明顾客的位置或安全通道方向，安全指示图涂上荧光剂；其三，安全通道门上安装有昼夜明亮的红色安全指示灯，一旦发生火灾或其他原因使通道灯停电，安全指示灯会立即打开；其四，客房内配有防毒面罩，卫生间内装有紧急呼叫按钮及拉绳。

（2）安全预防工作

①客房区域的安全

A. 客房安全。客房是顾客在民宿中最主要的活动场所，大部分顾客在客房待的时间很长，因此，民宿要特别关注客房的安全问题，不仅要考虑顾客的人身安全，还要充分考虑顾客的财产安全。首先，客房的门、窗是安全管理的第一步，酒店应在门、窗处都采取一定的防盗措施，如在门上设置双锁、防盗链；在窗户上安装限位器等。其次，楼梯、玻璃也是较为容易产生危险的地方，酒店可以在楼梯处粘贴"小心台阶"的提示，并在玻璃上贴上防撞提示。最后，为杜绝房内火灾，客房显眼处要提示顾客勿在床上吸烟，并在室内配置灭火器、烟雾警报器等设施，门后还可以贴上酒店逃生路线图，保证顾客遇到突发情况时能及时找到逃生通道，安全撤离。

B. 卫生间安全。由于卫生间地面常常处于湿滑状态，这对顾客来说是存在一定安全隐患的，为避免顾客在卫生间发生磕碰，民宿应做好防范措施。首先，在显眼处要提示顾客小心地滑，还可以在卫生间放置防滑垫；其次，若卫生间内的洗浴设施是玻璃制淋浴间，则还需要在玻璃上粘贴防爆膜，这样即使玻璃突然炸裂也能在一定程度上避免玻璃碎片四溅，再次伤害顾客；最后，玻璃上最好粘贴醒目的防撞腰线，提醒顾客此处有玻璃。

C. 阳台安全。阳台的安全问题也需要特别关注，因为阳台一般处于半开放状态，因此当阳台护栏高度低于135厘米时要安装防护网，并提示顾客不要攀爬或尝试翻越阳台。

②餐厅区域的安全

餐厅区域属于公共区域，这里需要注意保护顾客安全，具体来说，可以从以下几个方面着手：第一，餐具必须完整无破损，避免割伤顾客；第二，锋利、有伤害性的刀叉等餐具要放到儿童无法接触的区域；第三，协助顾客照顾孩子，不要让儿童在餐厅过道、空地上追逐打闹；第四，在制冰器中取冰时，不能使用玻璃或陶瓷工具，避免碎片落入冰内，造成意外事故；第五，服务员取菜、上菜时都要注意安全，在上菜过程中不要疾走或奔跑，进出门时要慢，以免误伤门前或门后的人，若是上热菜要提前检查餐盘温度，避免烫伤顾客；第六，为顾客提供饮品、茶水服务时要先示意顾客，对方需要才提供服务；第七，餐厅服务员必须保持衣着整洁，服务态度良好。

③厨房区域的安全

厨房是用电、火较多的区域，需要特别需要注意。如果厨房使用电磁炉，一定要安排专业人员定期检查、维修；如果厨房使用燃气灶则要防止燃气泄漏，做好检查和防范工作。此外，在厨房中要配置烟感和喷淋装置，并定时对其检查、维修，保证其能正常感应、出水。

除了上述的用电、用火注意事项，厨房还要加强防盗管理和食品安全管理，对厨房员工进行系统培训，提高其防范意识。具体来说，可以从以下几个方面展开：第一，严格管理厨房进出人员，非相关人员不得随意进出；第二，在烹饪过程中，工作人员不可离开灶台，若要离开须得关闭火源、电源，且每天要定时检查烹饪设备，如灶具、通风设备等，如遇特殊情况，及时上报；第三，要对每位后厨员工进行灭火用具使用培训，如遇紧急情况，员工能采取相应灭火措施；第四，食品管理要严格，如生熟食品要分开存放、处理，若发现变质食品要及时丢弃，不可继续使用；第五，厨房的刀具要定时清点，并统一摆放到指定位置；第六，厨房中的特殊易燃品要妥善保管，如酒精块、炭块等；第七，每天下班前要安排专人检查厨房门、窗、水闸、电闸，确认无误后再关闭水阀、电源，离开厨房。

（3）员工安全操作

①安全操作的基本要求。员工安全操作主要包括四个部分：第一，有正当的保护措施，民宿要为员工配备工作手套、衣帽鞋具等；第二，员工培训时要着重培训其应急处理能力，使其在遇到突发情况时能疏导顾客，并在保障自身安全的前提下采取一定处理措施；第三，树立员工安全意识，督促其时刻警惕；第四，协助员工了解民宿内的水电设施，保证其能正确、安全操作。

②安全操作的注意事项。安全操作还有许多注意事项，此处选择一些较为重要的内容做简单论述：第一，玻璃和镜子若出现裂纹，要及时报告并予以更换，即便未能及时更换也要提示顾客不要接近；第二，发现任何安全问题都要及时上报，如楼梯缺边、电源线散乱、地面凹凸不平等，尽可能杜绝各种隐患；第

三，清洁客房、公共区域或其他衣物床单时，都要选择安全的清洁用品；第四，保持公共区域地面清洁，若出现水渍等造成地面湿滑，要及时清理；第五，走廊或公共场所放置的工作车、吸尘器等应尽量放置在过道旁边，注意是否有电线绊脚；第六，要定期检查各种电器，确保其正常运作且无安全隐患，若出现电源线裸露等情况则要及时更换、处理；第七，员工清洁时要戴手套和口罩，尤其是清洁垃圾桶时要避免被易拉罐、玻璃碎片等割伤；第八，高空作业必须由专业人员操作，使用安全带、安全绳，确保操作安全；第九，照明设备也要定期检查，若出现灯光闪烁、灯泡破损等情况要及时更换；第十，在搬运较重物品时要正确发力，切忌过度用力，导致身体受伤；第十一，若家具、地面、墙面有尖钉要及时清理，避免刮伤员工和顾客；第十二，专业设备损坏时不要自行修理，上报后寻找专业人士修理。

③员工的自我安全防护。民宿型酒店的工作人员在工作中还要有自我防护意识，对顾客既要彬彬有礼、热情主动，又要保持一定的距离。当顾客纠缠时，服务员不应以任何不耐烦、不礼貌的言行冲撞顾客，应想办法摆脱。当班的同事应主动配合，让被纠缠的同事做其他工作，避开顾客的纠缠。

三、"互联网＋"背景下民宿型酒店系统管理

随着互联网技术的不断发展，"互联网＋"也逐渐深入民宿型酒店系统管理过程中，互联网技术让民宿型酒店获取数据、分析数据变得更为便捷。借助大数据，管理者可以对民宿消费者的消费取向、消费观念等进行深入分析，进而指导酒店管理。具体来说，大数据可以为管理者提供客房预订信息、客房入住登记信息和客房卫生服务信息等，通过网络数据，管理者可以调整、优化酒店管理策略，为顾客提供更多元、更个性化的服务，从而达到提升管理质量和管理效率的目的。

总的来说，在"互联网＋"模式的影响下，我国的民宿型酒店系统管理具有以下特点。

（一）管理系统的升级

"互联网＋"让传统民宿型酒店管理系统得到了升级。互联网技术为管理者提供了海量、庞大的数据，通过网络数据整合、计算等迅速分析出顾客的消费行为特点、消费喜好等信息，这些信息无疑为管理者提供了精准营销、管理决策的有力支持，使得管理更为便捷、高效。此外，互联网发展也让人工智能技术不断

发展。人工智能技术能帮助民宿型酒店优化管理系统，提高服务质量，将传统管理模式与智能系统结合，为酒店顾客提供更便利、更舒适的住宿体验。

（二）精准的需求定位

"互联网＋"模式还为民宿型酒店提供了更准确的客户定位，如前所述，有了大数据支撑，分析顾客喜好已变得极为便捷，这有利于管理者把握市场风向，迎合大众需求，及时向其传递他们感兴趣的广告信息，实现了传媒定向推送，提升了广告的有效度。大数据分析不仅能促进广告的精准推送，还能较为全面地分析顾客群体的具体需求，让顾客在入住后享受舒适、温馨的服务。目前，许多民宿型酒店还注重开发移动端，开通微信营销功能。

总的来说，"互联网＋"技术给顾客提供了更多元的、个性化的选择，云计算和大数据库让民宿型酒店管理系统逐步实现云管理，大大提高了管理效率。

（三）智能化服务功能

如今，互联网渗入了酒店管理的各个方面，使得民宿型酒店的服务呈现出明显的智能化特征。这种智能化的服务管理系统不仅能分析顾客需求，还能实现酒店运营、管理相关数据的统计与分析。例如，将运营成本、销售收入等数据输入系统，系统就会自动分析、计算，这不仅节约了人力成本和时间成本，还实时反映了酒店经营中存在的问题，因而智能化的服务管理系统可以在很大程度上为管理者的决策提供数据支持。同时，互联网技术让民宿型酒店的服务不断朝着智能化、人性化方向发展，并持续在员工服务工作和顾客服务体验等方面发挥作用。

（四）智慧化的发展方向

可以预见的是，未来互联网技术将会引导民宿型酒店的管理系统朝着智慧化方向持续发展，将顾客预订、酒店内部管理、酒店外部营销活动和酒店售后等流程综合起来，实现系统的智能管理、完善管理和服务模式，让顾客享受更为自由、智能的酒店服务，进而带给顾客全新的住宿体验。目前，许多民宿型酒店已推出了自助办理活动，顾客可以在民宿酒店顾客服务端自主订房、自主退房等，整个流程简单、便捷，节省了顾客登记入住等一系列手续办理的时间，并能为其带来更好的入住体验，尤其是对时间紧迫的商旅顾客而言，这种智慧化设计是十分人性化的。

第四节　民宿型酒店的应用案例

一、"互联网+"背景下的民宿型酒店应用案例 [①]

(一)"互联网+"与精品服务

花筑客栈是旅悦集团旗下的民宿酒店品牌,该品牌主张营造建筑与地域文化融合的居住空间,依托当地文化进行创新设计是该品牌的突出特色。目前,花筑客栈已经形成了较为完整的管理体系:在物质服务方面,采用统一配套的酒店用品;在心理服务上坚持温馨、高品质的服务原则;在运营管理上统一采用自主研发的 PMS 系统,为入住者提供安全、快捷、舒适的住宿服务。此外,花筑客栈还推出了系列主题,面对不同消费群体,花筑客栈又细分为花筑城市、花筑·悦、花筑、花筑·奢四大系列。花筑客栈的核心竞争力在于四个和体验相关的关键词,即信赖、归属、品质和定制。

1."互联网+"

"互联网+"是随着互联网技术发展而兴起的一种新型社会形态,其含义是借助互联网实现社会资源的集合和分配优化,并将互联网的创新成果深度融于经济、社会之中,提升社会的创新力和生产力。在酒店行业运用"互联网+"模式能让传统旅游与现代技术深度融合,推动旅游业创新发展。花筑客栈的"互联网+"发展模式,正是基于其所属的旅悦集团拥有的强大互联网基因优势而发展出来的。旅悦集团为花筑客栈提供了庞大的用户数据,通过携程、去哪儿、艺龙三大平台收集的用户数据,可以对花筑客栈的用户消费行为和消费取向进行分析,从而掌握其喜好,并能通过数据上呈现的用户反馈进一步调整酒店经营模式和服务,打造更符合消费者需求的民宿型酒店。此外,花筑客栈还致力于打造自身的线上品牌服务平台,如"花筑旅行"App。

总的来说,"互联网+"拓宽了花筑客栈和消费者的沟通渠道,也为品牌的经营、管理提供了便利。可见,大数据不仅能分析消费者的行为和需求,还能对

---

① 范香花,莫红霞,冯小霞,等.中国旅游酒店业发展研究:案例与实证 [M].成都:四川大学出版社,2018:75-81.

市场营销和管理等进行预测和规划,实现品牌资源利用合理化,经营效益最大化。

2. 精品服务

顾客体验的核心本质为顾客价值,如果真正掌握顾客在消费过程中所需要实现的消费心理价值,就能为顾客营造特殊的消费体验服务氛围,从而最终实现让顾客满意的真正目的。基于旅游者体验分析和"家"的氛围营造的精品服务,是民宿型酒店客栈服务和产品的重要落脚点。国内外已有研究发现,选择民宿型酒店客栈的旅游者通常具有较高的收入和受教育水平,注重"家"的氛围。与网站和旅游指南相比,游客主要根据口碑来选择民宿型酒店,而且大多数游客接受过良好教育,会选择重游景区。除了家庭氛围,物有所值、游客与当地人的接触、宾主关系都会影响游客的选择。

花筑客栈努力为入住者营造"家"的氛围。通过推出员工全员授权,花筑在经营者与顾客之间的单纯商业关系之上,形成了一种通常仅存于家人间的亲密社会关系。相关研究成果显示,对于民宿型酒店管理者来说,简单地提升服务质量或服务设施已无法满足顾客对民宿型酒店的消费期望,只有在服务中融入特色化设计理念,提供精品服务,才可能为顾客带来一种特殊的入住体验。花筑客栈自成立以来,在服务方面一直强调真诚、贴心、超出预期,更好地让顾客实现自我的体验价值已成为其服务的关键,并创新出基于"七感"(即视觉感、听觉感、味觉感、触觉感、嗅觉感、参与感和回忆感)的服务模式。通过七种感觉充分提升顾客的体验价值,从细节处用心,提供全方位的贴心服务。

(二)"互联网+"与公益运营

登巴是国内知名的民宿型酒店连锁品牌。"登巴"来自藏语,有智慧之意。登巴客栈与其他的民宿酒店有明显差异,其一是它有淡季、旺季之分;其二是它面向的主要群体是背包客、海龟等。目前,登巴客栈已从简单的住宿管理转向社群运营。登巴客栈相继推出了2.0版本和3.0版本,并不断注入文创、书店、酒吧、分享会、民谣等内容,其由最初的民宿型酒店变身为"客栈+活动社群+周边游"的青年社区。对越来越多的人来说,旅行并非日常生活中的奢侈品,而逐渐成为一种生活方式。登巴客栈致力于打造住宿服务与社群建设并存的经营模式,给顾客营造一种家的氛围。

1. 社会公益

登巴客栈从创立开始,就将公益服务和社会责任融入客栈发展中。最初是为流浪在外的旅人提供临时免费住所，对过往康定的支教老师、支卫医生提供免费住宿和生活支持。登巴客栈西昌店长期为支教老师提供免费住宿，并汇集凉山州支教信息，成为学校及志愿者的对接平台，同时成为支教老师生活、工作的展示窗口。十年来，登巴客栈多次为山区老人、孩子和学校组织社会捐赠，也为给山区人民提供源源不断的支持与物资的其他组织和个人提供便利。多家登巴客栈承担了各地捐赠物资的集散工作，在惠及贫困人群的同时，充分利用客栈分布各地的空间与物流优势减轻了相关公益组织的负担，将社会责任真正践行于企业的发展之中。

登巴客栈的公益支持中心应运而生并正式投入运营，成为登巴客栈所有公益项目的枢纽，在继续完成"登巴民居计划"、提供支教服务的同时，推行"登巴公益伙伴计划"，在更多的领域，为对接的公益组织与机构提供便利，包括免费或更优惠的住宿服务、免费的公益活动空间等。为了改善山区群众的生计，登巴民居计划将逐步在康定及周边实施。其先后在康定的上木居村、莲花湖村、中谷村、塔公乡，丹巴的甲居藏寨，泸定的牛背山，林芝的鲁朗等地建立了8家登巴客栈民居，并在网上免费进行宣传，为民居的主人提供免费指导和培训，坚持不懈地致力于带动当地山区体验、旅游的发展和群众致富。

2. 网络运营

登巴客栈在网络运营中十分注重社群平台的运用，运营者会利用自媒体与用户展开实时互动。这主要是因为登巴是面向年轻群体的客栈，而抓住年轻群体的方法之一就是网络，通过网络运营，登巴客栈不仅能实现品牌推广，还能在社群中打造住宿新时尚，影响年轻人的选择。此外，登巴客栈还十分注重与OTA之间的均衡发展，通过OTA网站达到提升曝光量、打造品牌形象的目的。

携程、去哪儿等平台不仅是为酒店行业提供流量的渠道，还能通过网络点评和反馈为酒店服务的更新提供新思路。登巴客栈就利用网络点评打造品牌情怀，以点评为依据打磨产品和服务，并在点评中营造"诗和远方的家"这一品牌形象，在提升品牌口碑的同时，还能留住品牌的忠实拥护者。

二、精品特色民宿型酒店的设计应用案例

（一）"过云山居"①

"过云山居"最初是一栋20世纪90年代的水泥建筑和一栋老宅，这两栋建

---

① 斯特凡·卡门清德，姚量. 民宿之美Ⅱ [M]. 贺艳飞，译. 桂林：广西师范大学出版社，2017：34.

筑风格迥异，却占据着得天独厚的自然风景：梯田、山景、云海尽收眼底，共同构成一个无限接近自然的有机环境。云层穿过屋檐，时而汹涌翻滚，时而飘然远去，变化多端的云雾时刻吸引着居住者的目光，给他们带来悠远、静谧和如入仙境的体验。这样的民宿型酒店可以让居住者在云海间自由呼吸，使身体与精神得到放松，当他们置身云层间时，还能产生一种遗世独立之感。

"过云山居"的设计师认为民宿型酒店是人们休闲、娱乐的重要公共区域，在这个区域内，人们的距离会被无限拉近，现代都市人的界限感与冰冷感也会被打破。为贯彻这一理念，"过云山居"一楼过云轩的公共区域设计别具匠心，设计者通过设计留白，强调户外峡谷山景，如图5-4所示；通过简单的水泥天花板、朴素的榻榻米给人以自然、休闲的体验，在这样的环境中，人们会放下各种压力和烦恼，获得全身心的放松，如图5-5所示。

图5-4 "过云山居"的公共区域

图5-5 "过云山居"的室内风格

除了"云"，"过云山居"民宿型酒店设计中的另一个亮点是"古村落"。"过云山居"坐落于浙江松阳，而松阳正是国内著名的"古村落故乡"。一直以来，"过云山居"保留了松阳镇西坑村独有的地域建筑特色：黄色夯土墙和烟火味。设计者在现代混凝土建筑结构外敷上黄土，模拟传统建筑中的黄色夯土墙效果，使整个建筑极具历史感。

（二）"墟里壹号"①

民宿型酒店"墟里壹号"是位于郑山村民居聚落最低处的一处以石头、砖、木结构构成的传统民居建筑。这所旧宅坐西面东，方圆百里内梯田与云雾交织，日出东方，阳光与云雾使得眼前景色风云变幻。

"墟里壹号"在建筑外观与材料上，保留了原有的石墙、青砖。在原有建筑的高度上，结合现代人居住习惯的同时增加了适当的尺度。设计师认为下压高度

① 姚量，于洋洋，苑圆. 墟里壹号 [J]. 国际纺织品流行趋势，2017（6）：190-197.

可以使得这个建筑保留最朴实的乡村民居特征，也具备过去的时代感，能让整个建筑更好地融入自然乡野，如图5-6所示。设计师把整个建设视为一把禅椅，三面围合。除正东面，其他三面全部为实墙。这样既规避了房后周边相对杂乱的建筑，也让走入屋内的住客产生了一种家的归属感。

图5-6 "墟里壹号"的建筑外观与材料[①]

"墟里壹号"在室内的家具陈设上，设计师用了去设计的理念。其中有半成是收购的20世纪五六十年代的家具，三成的旧木家具和二成当代设计的家具。这样的组合使整体氛围的呈现与旧房建筑年代相符合，又不会完全缺乏时代感。人本、内外和谐到与自然共生的"墟里壹号"以完全的静态隐逸在山野乡村中，等待着它的房客，如图5-7所示。

图5-7 "墟里壹号"的家具陈设[②]

在动向上，设计师可以从院落进入一层公区客厅，再从客厅步向大露台。而在原有的负一层，本是作为农具和柴房的一处空间，通过改造将其变成了一个套

---

① 杭州品尚品牌策划. 民宿酒店设计赏析："墟里"[EB/OL]. (2015-06-30) [2020-11-03]. http://blog.sina.com.cn/s/blog_8068ec630102vjab.html.
② 同上。

房。首先，因为"墟里壹号"是整栋出租的家庭型民宿，所以这样的动线和布局能让这个建筑空间有别于普通民居的动线。在整栋的住家概念里，又有了一部分相对独立的空间。建筑的一层客厅、餐厅、厨房这些功能全部集合在一个空间里，并且通过全开放的门、窗设计，打开了与东向大露台的通道。二层则是两个卧室，空间设计在适合现代城市人群生活习性的同时，还在东向落地窗位置处设计了塌。塌这种家具型式能很好地让人们以静态的形式与窗外自然景观进行一场心灵互动。

（三）"陈桑民宿"①

建筑形式、材料和布局都体现着一座城市的发展痕迹，可以说，建筑就是城市记忆的记录者，是地域文化的重要载体。台湾地区的"陈桑民宿"是现代都市中一栋复古的地域文化建筑，该建筑的设计师将红砖、木梁与现代建筑材料结合，打破了当地都市纹理的束缚，在新旧元素的冲突与交织中打造独特的台南生活空间，赋予了建筑地域性特征。"陈桑民宿"的设计如图5-8所示。

图5-8　"陈桑民宿"的外观

"陈桑民宿"的设计体现出人与建筑和谐相处、顺势而为的特点，保持着复古与创新的相对均衡，将设计表现隐藏在老屋细节处，设计者虽然以老屋为主体，但也在积极求新、求变，并没有一味强调复古，而是在复古中有意识地融入创新，既做到尊重老屋又做到有所创新，使民宿整体呈现出奇妙的和谐感。

（四）"云庐老宅"②

民宿型酒店"云庐老宅"的设计也极具特色。设计者始终秉持着尊重当地文化、与地域风俗和谐相处的态度，对原本狭小、杂乱的老宅进行了改造。"云庐

---

① 戚山山. 民宿之美[M]. 桂林：广西师范大学出版社，2016：30.
② 戚山山. 民宿之美[M]. 桂林：广西师范大学出版社，2016：40.

老宅"是由数栋老宅共同构成的建筑群，为了让"云庐老宅"在当地建筑群落中不显得突兀，与当地文化共生、与当地村民和谐共存当作设计的出发点。设计者在保护老宅原有外观的基础上对老宅内部进行了修缮，如将一些老旧的泥土建筑改造为满足人们对客房品质期待的客房。在"云庐老宅"中，最具设计特色的就是餐厅，此餐厅的整体风格是比较低调的，它以截面钢结构和玻璃中轴门窗系统与毛石外墙、炭化木格栅和屋面陶土瓦的对比为特色，这种一新一旧的材料对比，使得新老建筑的融合有一种空间对话感和时空延续感，体现了外来（旅舍）与本土（农村）自然共生的基本法则，如图 5-9 所示。

图 5-9　"云庐老宅"的外观

　　"云庐老宅"的室内设计体现出设计者的设计理念——自然共生，其在保留原有木质结构、黄土墙的基础上进行了适度改造。这种改造主要体现在设计者基于现代生活方式对空间与光影做出的调整，一方面设计者保留了原有的土墙与青瓦这些具有桂林山水风情的元素；另一方面，设计者通过窗户将光引入室内，让室内的设计空间与室外的原生态空间产生对话，在光影变换间实现不同空间的交流与互动，从而使空间在厚重的历史感与灵动简约的现代感中来回切换。具体如图 5-10 所示。

图 5-10　"云庐老宅"的室内设计

（五） "老古石渡"①

民宿型酒店"老古石渡"的设计理念是"打开老房子，引进风和光，看见旧城好风光"。整个"老古石渡"分为两个部分：一是位于旧城门兑悦门前的兑悦楼，一是位于集福宫前的吉福居。

兑悦楼分为两栋，前栋是位于二楼的对月通铺，这是可供 6 ～ 8 人居住的房间，最大的特色是紧邻兑悦门，旧城门、老榕树、石狮公庙和古街小广场都可尽收眼帘。房间内的设计相当简洁，四扇木窗，使进门的人一眼就可以看见旧城的风光。木地板搭配木梁的设计，也是能让人在这风景中享受府城南国的慢闲步调，如图 5-11 所示。

图 5-11　兑悦楼门和兑悦楼

吉福居是集福宫前巷子的两个连栋平房，规划为供 4 ～ 6 人入住的家庭房，设计上保留沿街立面的旧铁窗、抿石墙和老式木条灰泥隔墙，内部拆去原有的天花板，露出的挑高空间被设计成木质阁楼，可以让住客随意地爬上爬下，重温儿时游戏的场景。新砌的清水砖墙与暖色系石材搭配，撑起旧山墙屋梁，成为房内的主视觉，如图 5-12 所示。

图 5-12　吉福居的窗户

---

① 设易学院 . 全球最美 40 家民宿设计实力解密 [EB/OL]. （2017-07-23）[2020-11-03]. https://www.sohu.com/a/135851769_669418.

（六）"天空的院子"[①]

民宿型酒店"天空的院子"主要是为了实现文化价值的理念。为了保证住宿质量，民宿主人只提供六个房间，没有开放参观，只服务当天房客，住宿期间提供当天的晚餐与隔天的早餐，提供当地食材的风味料理。老宅、老歌与老茶给游客带来难忘的体验。

民宿型酒店"天空的院子"的建筑外观用古法整修，而室内融入了现代化的设计，将传统与现代巧妙地融合在一起。三合院建筑依据传统古法施工，左边青龙，右边白虎，建筑白墙内部是竹编与粗糠的壁面结构，白墙下方则是清水砖面，木头结构都是以榫相接，因此建筑外观能够清楚地看到岁月留下的斑驳痕迹，如图 5-13 所示。

图 5-13 "天空的院子"的建筑外观

室内则是以现代设计方式进行规划，房间尽量提供大面积的窗户，充分地将光线引入室内；浴室则贴有与德国浴缸配合着的西班牙瓷砖，让人能够自然地去

[①] 乡间客.莫干山紫岭村山顶民宿：天空的院子[EB/OL].（2018-01-27）[2020-11-03].http://www.xiangjianke.com/10003522.html.

体会异国情怀。整个园区的步道动线，则是将整座三合院建筑进行圆形环绕，住客在园区漫步都能够回到原点。

（七）"毛屋"①

清水模建筑被设计师比喻成会"呼吸的房子"，它可以不上油漆，不贴瓷砖或者大理石，并且五十年后会比现在更漂亮。民宿型酒店"毛屋"是由两栋清水现代建筑构成的民宿，也是一方自得其乐的生活空间。麻雀虽小，但五脏俱全的"毛屋"淋漓尽致地体现了设计师"小而美"的哲学理念。"毛屋"的基址虽小，但空间层次分明且无限延展；四面虽被围墙围绕，但每层楼仍有舒适的光线，如图 5-14 所示。

图 5-14　"毛屋"的外观

"毛屋"建筑物的一侧开了一道狭小却能穿透三层楼的缝隙，充分地保证小屋的采光和通风。平面的空间透过落地窗向外扩展，直立或封闭的空间则向上发展，让每个空间都可以得到自然的平衡。空间虽小，但风、光、水、景观灯都没有被忽略，三楼的窗子就刚好能框住古香古色的老三合院的屋脊和摇曳的树影，给人悠然祥和的感觉。

---

① 　外滩 TheBund. 他是台湾版的安藤忠雄，60 岁在台南造了一座别致的毛屋 [EB/OL]. (2018-07-31) [2020-11-03]. https://www.sohu.com/a/244346386_788514.

第六章　"互联网＋"背景下的
酒店新业态——邮轮旅游与房车露营

"互联网＋"与酒店行业的"联姻"，一方面促进了传统酒店的转型、营销变革与管理重构，另一方面助推了酒店新业态的加速发展。除了前文介绍的民宿型酒店，邮轮旅游和房车露营也展露出了巨大的发展前景。这两种酒店新业态的诞生时间其实远早于"互联网＋"，作为酒店行业的新形态已在摸索中积累了一定的实践经验，"互联网＋"的引入无疑为它们带来了新的活力，助力其新一轮的创新发展。本章将对邮轮旅游服务系统的建设和房车露营的建设进行探究，进一步认识"互联网＋"背景下的酒店新业态。

第一节　我国邮轮旅游的发展现状

我国的邮轮旅游业肇始于改革开放后，在很长一段时间内以沿海港口城市接待国际环球邮轮的活动为主。进入 21 世纪，随着国内港口城市邮轮母港的建设和投入使用，相继出现了以国内港口为母港的邮轮航线业务。近年来，我国邮轮旅游产业呈现出快速发展的势头，这主要体现在邮轮产业发展政策、邮轮港口基础设施建设、邮轮公司及邮轮业务运营、邮轮人才培养和邮轮市场规模扩大等方面。

一、我国邮轮产业发展的政策引导

邮轮旅游是一种中高端旅游项目。我国旅游消费在过去很长一段时间内都处在一个较低的水平，近年来，邮轮旅游这一高端旅游业态才开始为消费者所熟知，邮轮旅游产业也逐渐受到国内民众、业界和政府的关注和重视。2006 年，中国交通运输协会成立邮轮游艇分会，同年在上海召开了首届中国邮轮产业发展大会，又先后在厦门、北京、三亚、深圳、天津等5个城市举办年会，至2019年已举办了14届全国性邮轮产业发展大会。该协会为我国邮轮产业发展做出了积极而又重要的贡献。

此外，国务院及各大部委都对邮轮旅游业的发展给予了大力支持。2008年6月，国家发改委发布《关于促进我国邮轮经济发展的指导意见》；2009年1月，邮轮（国际邮轮乘务）专业被纳入全国专业招生目录；2009年3月，国务院提出"促进和规范邮轮产业发展"的意见。邮轮旅游的直接主管部门更是对邮轮旅游发展予以大力支持，2009年10月，交通运输部发布《关于外国籍邮轮在华特许开展多点挂靠业务的公告》，规定经特案批准后，外籍邮轮可以在我国境内开展多港挂靠。2011年6月，国家旅游局发布《国际邮轮口岸旅游服务规范》。2014年3月，交通运输部发布了《交通运输部关于促进我国邮轮运输业持续健康发展的指导意见》；2015年4月又发布了《全国沿海邮轮港口布局规划方案》，为我国邮轮产业的有序健康发展，特别是邮轮港口的有序开发提供了法规保障；而2015年12月发布的《邮轮运营统计报表制度》更为我国邮轮产业统计和行业分析打下了良好基础。

2017年3月，交通运输部、国家旅游局等六部门联合印发《关于促进交通运输与旅游融合发展的若干意见》，再次提出发展邮轮旅游，鼓励形成分布合理的邮轮开发港口体系，有条件的城市建设邮轮旅游集散枢纽。如今，国家旅游局正会同发改委、财政部、交通部、公安部等制定《全国邮轮旅游发展总体规划》。2019年7月，国家文旅部正式批复支持上海创建中国邮轮旅游发展示范区。2019年10月10日，中国（上海）邮轮旅游发展示范区正式揭牌，上海成为创建中国邮轮旅游创新发展的城市范例，将引领中国乃至亚太邮轮市场进入高质量发展阶段。

在国家政策的极力推动下，地方政府也高度重视邮轮旅游产业发展，纷纷出台鼓励邮轮旅游产业发展的政策、法规和规划，抢占产业发展先机。

二、邮轮港口及专业码头建设

虽然我国个别港口早在20世纪70年代就已接待国际邮轮停靠，但在较长时期内我国少量的邮轮旅游业务开展一直依托一般的客运码头，甚至是货运码头，长期缺乏专用邮轮码头。在全球邮轮产业东移和国内邮轮需求迅速增长的趋势下，国内诸多沿海城市都加快了邮轮码头的规划建设。从 2006 年三亚建成国内第一个 10 万吨级邮轮专用码头至今，我国已经拥有三亚凤凰岛国际邮轮港、上海港国际客运中心、上海吴淞口国际邮轮港、天津国际邮轮母港、厦门国际邮轮中心、舟山国际邮轮港、青岛国际邮轮母港、深圳太子湾邮轮母港 8 个邮轮专用港口（表 6-1），此外，还有由货运码头改造而成的大连港国际邮轮中心、广州南沙国际邮轮母港、烟台港、秀英港、温州国际邮轮港、防城港、北海港 7 家邮轮港口。2018 年，全国沿海 13 个邮轮港共接待国际邮轮 969 艘次，接待出入境旅客合计 4 906 583 人次。其中，母港邮轮 889 艘次，母港旅客 4 728 283 人次；访问港邮轮 80 艘次，访问港旅客 178 300 人次。[①]

表 6-1 中国大陆已建成邮轮港口概况

港口名称	开港时间	基本情况
上海港国际客运中心	2008 年 8 月	位于上海虹口区北外滩东大名路 500 号，总建筑面积约 41 万平方米，有可停靠 7 万吨级大型邮轮的泊位 3 个，设计年接待能力为 100 万人次，码头岸线长 880 米，水深 9 ～ 13 米。
上海吴淞口国际邮轮港	2011 年 10 月	位于上海宝山区吴淞口长江岸线的炮台湾水域。吴淞口国际邮轮港一期工程建有 2 个大型邮轮泊位，岸线长度为 774 米，二期工程再建 2 个大型邮轮泊位，延长岸线 736 米，建成后码头总长度将达 1500 米，共可布置 2 个 22.5 万吨级和 2 个 15 万吨级总计 4 个大型的邮轮泊位。
天津国际邮轮母港	2010 年 6 月	位于滨海新区东疆港区南端，总建筑面积为 160 万平方米，一期和二期工程共建成 4 个大型国际邮轮停靠泊位，整体接待能力达到 92 万人次，码头岸线总长 1067 米，水深 11.5 米。
厦门国际邮轮中心	2008 年 6 月	位于厦门市东渡港区，占地 47 公顷，厦门港岸线总长 154 公里，码头前沿水深 12.4 米，主体码头可停泊 14 万吨级邮轮，建有一座 8.1 万平方米的客运大楼，平均接待量达 3000 人次，年接待量为 150 万人次。
三亚凤凰岛国际邮轮港	2006 年 11 月	位于三亚市凤凰岛内，目前拥有 8 万吨级的邮轮码头 1 个，10 万吨级码头 1 个，15 万吨级码头 2 个，22.5 万吨级码头 1 个，并新建国际标准联检大厅一座，年接待量可达 200 万人次。
青岛国际邮轮母港	2015 年 5 月	位于青岛港老港区 6 号码头，建有 3 个邮轮泊位，其中 1 个泊位长度为 490 米，吃水 -13.5 米；另外两个泊位长度共 476 米，吃水 -8.0 米，岸线总长度为 1000 多米。配套建有邮轮客运中心一处，总建筑面积近 6 万平方米，设计最高通关能力可达每小时 3000 人次以上，规划年游客量为 150 万人次。

① 余有勇 . 我国邮轮旅游产业发展形势研究 [J]. 中国经贸导刊，2020（11）：41-42.

续表

港口名称	开港时间	基本情况
舟山国际邮轮港	2014年10月	位于舟山市朱家尖西岙，舟山群岛国际邮轮港项目总投资约6.3亿元，分两期实施。目前已建成的10万吨级（兼靠15万吨级）邮轮码头，全长356米，宽32米，引桥长188米，设计年客运量约50万人次。
深圳太子湾邮轮母港	2016年11月	太子湾邮轮母港项目由太子湾邮轮母港和蛇口邮轮中心两部分组成。太子湾邮轮母港填海面积达377 500平方米，包括一个22万吨级邮轮泊位，一个10万吨级邮轮泊位，一个2万吨级客货滚装泊位，设计年客运量为760万人次。

数据来源：根据各邮轮港口官网和相关资料整理而成。

三、邮轮旅游业务经营情况

中国邮轮旅游业务运营主要包括三大块：一是接待入境国际邮轮停靠，二是经营从国内邮轮港口出发的母港邮轮，三是国际邮轮公司在华开展的邮轮票务销售业务。

（一）接待入境国际邮轮停靠

接待来自境外的国际邮轮停靠是我国邮轮旅游的初级形态，且有较长的发展历程。该业务内容主要是接待来自欧美等发达国家和地区的环球或远洋邮轮航次，为到港邮轮提供码头停靠服务及维修、补给服务，为邮轮乘客及船员提供岸上短途游览及餐饮、购物服务。接待国际邮轮停靠为停靠港口及所在城市带来的收益较少，而且在我国港口城市出现专业化邮轮母港之前，受接待条件和港口吸引力水平的制约，接待量很不稳定。近年来，随着我国专业化邮轮码头的逐渐增多，接待国际邮轮航次停靠的市场规模在稳步扩大。

（二）母港邮轮航线运营

母港邮轮航次的快速发展得益于我国专业化邮轮码头的出现。但此前，部分城市已有开展不定期母港邮轮航线运营业务的先例。例如，我国著名的海滨旅游城市青岛，丽星邮轮公司曾在2002—2003年先后调配"双子星号"和"山羊星号"邮轮，开通青岛至韩国平泽的国际邮轮航线，并执行了58个航次，后受"非典"影响而终止。2006年7月2日，意大利歌诗达邮轮公司以其"爱兰歌娜号"

邮轮在我国开辟了以上海为母港的邮轮旅游航线，这标志着我国邮轮业的真正起步。之后，歌诗达邮轮公司以"经典号""浪漫号""维多利亚号""大西洋号""赛琳娜号"，皇家加勒比国际邮轮公司以"海洋神话号""海洋航行者号""海洋水手号""海洋量子号"等相继开通了以上海、天津等为母港，前往日本、韩国等港口的东北亚邮轮航线；丽星邮轮公司以"宝瓶星号""天秤星号""处女星号"邮轮开通了以三亚为母港，前往越南的邮轮航线。我国邮轮旅游市场的巨大潜力也吸引了国内资本的介入。自 2013 年 1 月海航旅业邮轮游艇管理有限公司利用"海娜号"邮轮开展邮轮旅游运营业务以来，国内陆续出现了渤海轮渡邮轮有限公司的"中华泰山号"、天海邮轮有限公司的"天海新世纪号"等邮轮公司及其所属邮轮船只依托国内邮轮港口开展的母港邮轮航线。

相对于国际邮轮停靠接待，母港邮轮航线运营涉及的业务内容更为丰富，包括码头运营、到离港交通服务、邮轮市场宣传及客源组织、邮轮公司运营管理、岸上旅游接待服务、邮轮维修与补给等，给所在港口和城市带来的收益规模也更加可观。

（三）国际邮轮公司在华邮轮票务销售业务

在国内邮轮旅游市场上，除来自歌诗达邮轮公司、皇家加勒比国际邮轮公司、丽星邮轮公司、公主邮轮公司等国际邮轮公司直接在国内开展邮轮旅游运营，许多国际邮轮公司也以在华邮轮票务销售形式开展邮轮旅游经营。例如，地中海邮轮公司、海达路德邮轮公司、迪士尼邮轮公司等都在中国大陆设有办事处或代表处，委托国内的旅行社或在线旅行服务商代理销售其邮轮旅游产品。

四、邮轮消费市场

自 21 世纪以来，我国经济持续发展，人们的生活水平逐渐提高，旅游行业迅速发展。为了满足人们的旅游消费需求，各旅游业纷纷由纯粹观光式旅游转型为游览与休闲并重的旅游。在这样的环境下，国际上已经非常成熟的邮轮旅游逐渐吸引了国内游客的关注，并成为一种新型的、有吸引力的国内旅游产品。

调查显示：2001—2016 年，我国邮轮消费市场效益逐年增长。由于部分国际邮轮公司调整了战略，国内邮轮产业的发展速度从 2017 年起逐渐变慢。在2006—2011 年期间，国内邮轮产业的发展比较缓慢，此时的游轮消费市场还处于萌芽阶段，年平均增长率为 36.74%；2012—2016 年，邮轮产业年平均增长率约为萌芽阶段的两倍，这一阶段被认为是国内邮轮消费市场的快速成长时期；2017 年，邮轮产业年增长率为 8%。随着国际邮轮行业的调整，我国邮轮市场的发展也由以增长为主转向以品质为主。2018 年中国邮轮港口接待邮轮 976 艘次，同比下降 17.3%；接待出入境游客量为 488.67 万人次，同比下降 1.2%。其中，接待母港邮轮 898 艘次，同比下降 15.84%；接待母港出入境游客量为 471.42 万人次，同比下降 0.58%。[①]

第二节 邮轮旅游服务系统的建立

服务系统在整个邮轮旅游中扮演着重要角色，与每一位游客息息相关，其质量的高低能够直接影响游客对邮轮公司的评价，因此邮轮公司要非常重视邮轮旅游服务系统的建立。

一、邮轮旅游服务系统的内容

（一）邮轮餐饮服务

邮轮餐饮与一般餐饮有很大的不同，有些游客的旅游动机就是享受邮轮美食，因此邮轮上汇集了世界各国的美味佳肴，以满足不同游客的美食追求和一日多餐的要求。有的邮轮餐厅 24 小时开放，有些游客一日吃 7 ～ 10 餐，因此邮轮餐饮服务工作相对繁重。

1. 服务人员到岗

所有服务人员必须在游客开始用餐前 10 分钟就以端正的姿势站在自己的岗位上。各服务员穿戴要整洁、整齐。其中，男服务员要双手放在背后或贴近裤缝线挺直地站立，给人一种绅士感；女服务员要双手自然地叠放在腹部前方或身体两侧，给人一种亲切感。另外，所有服务人员都必须面向餐厅入口处微笑地等候游客，为其留下良好的印象。

2. 餐饮用具到位

准备好并彻底清洁就餐房间，摆好餐桌，擦亮餐具和玻璃器皿，叠好餐巾

---

① 张涛，杨雪．中国邮轮产业发展报告（2019）正式发布 [J]．中国水运，2019（11）：1006-1073.

纸，装满调味瓶以及仔细检查餐具摆设情况，确定它们是否一致、是否具有吸引力以及准备是否得当。服务员和助理服务员的工作是从餐具柜开始的，餐具柜里包含服务过程中必需的所有物品，包括水、玻璃器皿、备用餐具、面包卷、各种调味汁以及胡椒碾磨器等，服务开始前需要把这些东西准备好。酒侍要准备一些可能用到的物品，如倾倒沉渣（并不常见）的酒壶，备用玻璃杯、酒水推车以及冰桶等。

3. 卫生质量检查

检查饮用水的供应，以确保饮用水的储存和输送设备是干净的，定期进行微生物检测以确保饮用水的安全。

检测食品储存或保存的温度，记录解冻工作，检查有无交叉污染。监督食品保护与储存的常规工作，以及贴标签和食品分配工作。

检查厨师和食品处理人员的制服、抹布或毛巾，以及洗手设施是否干净、整洁。

4. 餐饮事故预防

为了避免因信息传递失误或设备的问题而造成意外事故发生，在准备游客餐宴之前，餐厅负责人不仅要与厨师长仔细核对前台、后台的客情预报与宴会通知单是否一致，还要认真检查餐宴中各种设施是否完好、完备。

（二）邮轮客房服务

客房是邮轮的基本设施，是供宾客住宿、休息、会客的主要场所。客房部不仅要为宾客提供干净、舒适、优雅的住宿环境，同时承担着公共区域的卫生清洁，客房内设施设备的维修、保养，以及宾客住宿期间的各项服务及安全保障等方面的工作。

1. 邮轮客房服务的特点

（1）舒适性

邮轮客房是宾客入住邮轮后长时间停留的场所，邮轮的宗旨是为每位宾客提供一个"家外之家"，因此，像"家"一样舒适便成为衡量客房部对客服务优劣的重要标准之一。邮轮客房部服务员除了将客房布置得舒适、温馨，还要留意宾客的生活习惯，以便提供有针对性的服务，切实给宾客以"家"的感受。

（2）综合性

从服务的表现形式来看，邮轮客房的服务是有形服务和无形服务的综合体现。首先，客人进入房间后，主要是通过对客房房间的整体感觉、床面的整洁、地面的洁净、用品摆放的方便性等来衡量客房部服务人员的服务水平，这些体现了服务的无形性；但客房部也需要进行面对面的服务，如迎送服务、洗衣服务等，这些体现了服务的有形性。服务的综合性需要客房服务员既要具备娴熟的服务技能，又要掌握对客服务的礼仪、礼节及技巧。

（3）随机性

邮轮客房部服务项目众多，工作较为分散，各服务项目之间没有非常明显的直接联系，且宾客没有固定的需要某项服务的时间，需求服务的随机性很强，给服务工作带来了较大的困难。如对于 VIP 宾客和商务宾客，需要客房服务人员随时为其提供送餐服务和清洁服务；对于观光型宾客，需要及时为其提供旅游咨询服务；对于醉酒宾客，需要提供醒酒服务等。

（4）差异性

客房服务是无形的，无法像有形产品那样实现标准化，每次服务带给宾客的效用都可能存在差异。首先，客房部服务人员因各自的素质不同、受到环境的影响不同，在一定程度上会带来邮轮客房部服务质量的波动。其次，如今邮轮的客源成分十分复杂，宾客与宾客之间既有经济上的差别，也有地位上的不同，还有各国风俗习惯的差异，因此对邮轮客房服务的期望和需求也存在很大的差异。即使对相同的服务客人也会有不同的评价，从而造成服务质量的不稳定。最后，由于服务人员与宾客间的相互作用，在服务的不同次数的购买和消费过程中，即使是同一服务人员向同一顾客提供的服务也可能存在差异。

2. 邮轮客房服务的操作要求

邮轮客房部服务水准的高低，在很大程度上决定了宾客对邮轮客房部产品的认知程度和满意程度。这就要求客房部在对客服务时，要以一定的服务程序或制度为基础，为宾客提供高规格的服务，使宾客高兴而来、满意而归。从服务操作系列化的要求来看，主要是贯彻执行"迎、问、勤、洁、静、灵、听、送"的八字工作法。

①迎。"迎"就是指客房服务人员看见游客来到客房时，要大方、热情、有礼貌地主动迎接。这样既是对游客表示友好，又可以给游客留下良好的印象。但需要注意的是，服务人员应保持衣着整洁，以一种精神饱满的状态去迎接游客。

当然，还要对不同的服务对象采用不同的语气，但整体态度应是和蔼、亲切的。

②问。在客房服务的过程中，游客的日常喜好、身体状况和生活感受等都应是服务人员关心的范围。这里的"问"其实就是要求服务人员要像对待亲友一样去关爱每一位游客，尽量满足他们的需求，使他们住得舒适又开心。

③勤。"勤"是指客房服务人员办事要勤快。只有服务人员的手、眼、嘴和腿都做到"勤"，才能真正为游客提供准确而快速的服务。手方面的"勤"要求服务人员及时完成领导交付的任务；眼方面的"勤"要求服务人员善于观察、发现游客的需求；嘴方面的"勤"要求服务人员主动与游客打招呼，询问其需求；腿方面的"勤"则要求服务人员动作要快，服务效率要高。

④洁。"洁"是整洁、干净的意思。顾名思义，客房服务人员必须做好客房的清洁卫生工作，为游客营造一个舒适的住宿环境。在清洁客房时，应尽量不放过任何角落，严格做好消毒工作，抹平一切凌乱的痕迹，使客房内物品摆放整洁，整体布局美观，令人感觉舒适。

⑤静。客房是游客休息或办公的地方，服务人员有责任保持客房、楼道的安静氛围，给游客提供人性化的服务。例如，在打扫卫生时，服务人员应轻轻敲响游客的房门，轻声询问对方是否需要清洁房间。总之，服务人员在客房附近的活动都要做到轻。

⑥灵。在服务过程中，服务人员要有较强的应变能力来满足游客提出的各种需求，尤其是在面对一些脾气较差的游客时，这种能力更是不可缺少的。换言之，服务人员要根据游客的性格和心理给予他们"不同的"的服务。例如，在面对行动不方便的游客时，要热情地给予帮助；在面对脾气暴躁的游客时，要能调整自我情绪，主动道歉，平息其怒气；在面对性格爽朗的游客时，说话方式可以随和一些。

⑦听。听是指服务人员要留意倾听游客对客房设施、服务的评价和意见，并从中发现问题，及时改进和弥补过失，提高游客的满意度。

⑧送。服务一定要做到善始善终，因此，在游客离开客房的时候，服务人员应热情地欢迎游客再次光临，以留下美好的印象，争取为之再次服务的机会。

（三）邮轮康乐服务

1.邮轮康乐服务人员总则

①严格按部门制定的工作程序和标准为客人提供服务。

②熟练地操作和使用各种设备设施。

③熟悉各服务项目的规则和服务要求。

④负责场所内物品的摆放，做好服务前的一切准备工作，保证所有的客用品清洁无损和营业场所的卫生整洁。

⑤负责申领每日经营活动所需要的物品。

⑥熟悉各项营业内容，了解其价格，做好推介工作。

⑦负责将用过的物品分送至指定的地点摆放，并及时补充。

⑧负责做好结束工作，恢复服务场地，为下一轮服务做准备。

⑨工作中严格遵守各项规章制度，遵纪守法。

⑩负责工作范围内各项设施的清洁和日常保养，发现问题，及时报修。

⑪检查水、电、气的开关阀门是否能正常使用，排查隐患以确保安全。

⑫遵守交接班制度，全面详细地做好营业报表和交接班记录。

2. 邮轮康乐服务人员的素质要求

（1）基本要求

康乐部工作人员必须具备高中以上文化程度；熟悉、遵守邮轮规章制度和涉外工作人员纪律条例；具有热情为客人服务的精神；工作认真，作风正派，身体健康，五官端正，精力充沛，仪容仪表良好；精通业务，并熟悉外语，能用外语进行业务会话。

（2）各工种人员的素质要求

①理发美容师。熟悉理发和美容业务，能够根据客人的不同身材、年龄、脸型设计出让客人满意的发型；了解各种化妆品的化学成分与使用特点，并能根据客人的要求，制定美容方案。该类工作人员一般要有3年以上工作经历，并持有理发证书和专业美容培训证书。

②桑拿按摩师。熟悉卫生保健知识和按摩推拿知识，掌握人体肌肉组织结构和骨骼组织结构，能够为客人提供桑拿浴室内的一整套服务；正确掌握和运用按摩的整套程序及各种指法，并能够为不同国家、地区的客人提供其乐意接受的按摩法。这类工作人员一般需经专业学校培训，并有两年以上的实践经验。

③健身房服务员。熟悉卫生保健知识和安全救护知识，掌握人体肌肉组织结构与骨骼组织结构；熟悉器材性能，能够正确指导客人安全使用健身房的各种器材，并为客人做出各种示范动作；要有强健的体格，能满足客人提出的陪练的要求，能够根据客人的需要为客人制订健身或健美训练计划。这类工作人员一般应

经过专业体育学校培训，并有一年以上的实践经验。

④游泳池服务员。熟悉游泳的基本知识，掌握各种游泳姿势和技能，能够为客人进行各种安全游泳姿势的示范；熟练运用并能够指导客人运用游泳池内各种设备和器具；熟悉安全救护知识，当客人游泳发生危险和意外情况时，能够及时、迅速、安全、有效地做出判断，并进行救护。这类工作人员一般要经过专业游泳训练和游泳救生培训，并持有救生执照，有实践经验。

⑤娱乐场所服务员。熟悉各项娱乐活动的特点；具备良好的人际沟通能力；熟知各类酒水价格，必要时能适当地进行推销。这类工作人员一般要有餐饮服务一年以上的实践经验。

⑥音响操作员。熟悉电工原理等知识，能够熟练操作、使用闭路电视的录像接收和放送设备，正确判断闭路电视、音响放送中出现的机械故障，并能够及时处理故障，保证图像清晰、音响正常；掌握机器设备的保养和维护知识，了解并严格遵守政府法令，保证放送质量，不出差错。这类工作人员一般需经专业培训，有从事声像技术工作两年以上的实践经验。

⑦工程维修人员。熟悉邮轮康乐部的设施设备情况，具有一定的设施设备维修知识和技能，既懂得维修设备，又了解保养常识。这类工作人员一般需要专业培训证书和相关工种 4 年以上的工作经验。

⑧台球室服务人员。掌握台球的击球技艺和方法，了解台球的计分方法和操作规则，能够为客人做示范，并与客人共同练习或比赛；掌握国际上不同的台球娱乐方式，具有使用台球配套用品的知识；熟悉台球室的一整套服务程序。这类工作人员一般需有台球专业培训经历和邮轮或酒店服务一年以上的实践经验。

二、邮轮旅游服务系统的信息化建设

在"互联网＋"的发展背景下，邮轮旅游服务系统正朝着信息化和智能化的方向前进。

（一）建立信息化服务系统的必要性

邮轮旅游促进了线下旅游行业的发展，许多邮轮公司开始考虑以互联网搭建移动线上平台，如品牌自营 App、微信小程序、微信公众号、第三方邮轮旅游服务平台等。搭建移动线上平台，能够为邮轮公司提供服务推广的渠道，促使线下用户更关注于邮轮公司的服务质量，增加用户的满意度和忠诚度。

"互联网＋"丰富了游客的邮轮旅行的场景，跨空间服务提升了专业化邮轮旅行的服务质量，各种配套服务，如在线商城、饮食推荐等功能也逐步推出。另外，随着消费的升级，游客不再满足于传统的旅行休闲需求，而不断追求调节情绪、释放压力、丰富生活等个性化的服务，这已成为数字化邮轮信息服务的趋势。

移动信息服务平台对于游客来说，能够打通多个线下邮轮场景，帮助游客多维度地获取信息，使邮轮生活的整个信息服务流程得到串联，信息数据资源得到共享，从而加深游客的深度体验；而对于船商来说，其可以收集游客的行为信息数据，定向发布服务信息，根据游客的反馈对服务进行改进，从而增加客流量、服务预订量和收入，搭建双向互动且信息高效整合的信息服务系统。[①]

（二）信息化服务系统的定位

在邮轮移动信息服务系统中，移动服务平台可以记录用户的使用信息，提供个性化的信息服务，搭建资源整合的信息平台，使服务接收方和提供方之间达成可持续性的良性互动，构建面向用户和邮轮公司的良性社交圈。

（三）信息化服务系统的建设规划

根据服务设计方向及功能策略，移动服务平台的主要功能聚焦用户邮轮体验前的决策过程及体验后的反馈与分享过程。邮轮公司以注册的方式收集用户的个人信息、游行目的及偏好，建立用户个性档案，后台通过数据的采集，为用户提供精准化的信息推送，帮助用户查询信息。同时，通过绑定用户的信息，为用户定制会员内容，方便用户及时获取邮轮旅行的动态及服务信息，增强用户的归属感。

三、邮轮旅游服务系统信息化的应用案例

邮轮旅游将信息化管理与人性化服务相结合，为"互联网＋"背景下的酒店行业发展带来了新启发，当下国际知名的邮轮公司在信息化服务系统的应用方面已趋于成熟，相关经验具有学习和借鉴意义。下面以美国"黄金公主号"邮轮（Golden Princess）为例，简要分析当下国际邮轮旅游信息化服务系统的应用实践。

美国"黄金公主号"邮轮的信息化管理和人性化服务从办理登船手续开始。邮轮上的房间号在顾客抵达前就已分配完成，登船手续由三部分组成：①顾客本

---

① 吉涵宇，席涛. 大数据时代智慧校园的信息可视化设计应用研究 [J]. 包装工程，2017（14）：95-100.

人和证件与管理系统预输入的信息进行核对。②要求顾客提供有效信用卡号码和邮轮的智能卡捆绑。③发放行李标签，要求顾客系在自己已过安检的行李箱上（行李标签由不同的颜色和数字组成，这种方法有别于酒店的简单房号标识，用颜色区别楼层，用数字区别区域，再加上房号）。

美国"黄金公主号"邮轮利用智能化服务系统使整个登船过程井然有序。当顾客登记完信息后，会收到一张信息智能卡。这张卡将用于登船、消费、记账等。游客登船的第一个步骤是安检，安保人员会通过机器识读智能卡上的信息（包括顾客的头像、身份信息、照片、房号等）。游客通过安检后，跟随船舱导向找到自己的客房，约30分钟会收到随行包裹。这大大提升了游客的登船速度。在下船之前，游客会收到带有颜色并标有编号的标志牌，并将其系在自己的行李上，于离船前6小时放在客房前。下船后，游客只需通过标志牌就能轻松找到行李。

除了身份识别之外，游客在登船时拿到的智能卡也是其在游轮上的消费卡。无论是在风味不同的豪华餐厅、风情独特的酒吧，还是在剧院、拍卖场、娱乐场所，游客都只需要拿出这张智能卡就能进行消费。另外，游轮上不支持任何货币形式的交易，所以游客需要妥善保管这张卡片。

刷卡方便、快速安全、服务周到是这个邮轮能够吸引众多游客的主要特点。许多场所虽然没有收银台，却有"可移动"的刷卡机，即刷卡机被服务员背在身后，这样做可以让服务员有空余时间去做别的事情，既节省了人力，也方便了游客。游轮上所有通信信息都是通过卫星接收的，当邮轮驶入信号较弱的海域时，智能卡所绑定的信用卡无法将消费信息及时传达出去，可能出现重复刷卡的现象。因此，邮轮工作人员特意在前台设置了两台自助账单查询机，游客可以在机器上查询、打印消费账单。如果游客发现消费账单有问题，可以立即联系服务人员帮助解决。此外，邮轮上的各种收银机、打印机的内存都很大，运行速度也很快，很大程度上节省了游客的等待时间。每去一处景点，游客及其携带的物品都必须经过安检扫描才能上下船，这为游客们的安全提供了保障。在整个行程结束之前6小时，服务员会告知游客即将停止额外消费，并在下船前2小时将消费清单送至游客手中，以供其核对。

另外，邮轮管理方会将次日游览地的相关信息，包括地名、特色、地图、天气、活动时间和内容、餐饮的着装要求等印刷成"邮轮日志"，在游客睡觉前分发给他们。如果行程有所变化，邮轮管理方就会以广播或发送客房信息箱的方式告诉游客。

总之，邮轮利用先进的信息化管理系统，可以实现对邮轮有序、有效、简单的智慧化管理，还可以促进管理方与游客之间即时、有效的沟通。

第三节 房车露营的建设

随着房车旅游的风靡和实体酒店的萎缩，一种新的酒店业态 —— 房车露营产生了。在中国，房车露营相对于传统的酒店行业而言是一个比较新颖的概念。通过房车露营，人们可以实现旅游、饮食、娱乐和居住等各种活动，并能随时随地享受家的舒适感。

一、国内房车露营的现状分析

（一）房车露营的资源建设现状

1. "互联网 +"房车租赁成为发展新趋势

近年来，各传统行业在"互联网 +"的推动下纷纷进行了改革。其中，汽车行业除了在对外宣传方面进行了变革之外，其营销活动也发生了变化。近年来逐渐出现在大众视野中的房车旅游也借助"互联网 +"得以进一步发展。

在"互联网 +"浪潮的带动下，诸如天猫、京东、拼多多、苏宁等网上商城迅速崛起，石墨、B 站、每日故宫、全历史等手机 App 盛行，消费者的消费模式也随之发生了巨大的变化。在这样的背景下，越来越多的传统行业意识到线上发展的前途广阔，汽车行业也逐渐向电商行业发展。各种"房车"网上销售平台纷纷出现在消费者的视野里，它们不仅提供有关房车的最新消息，也提供挑选 —— 购买 —— 售后的一条龙服务，极大地方便了消费者购物。

《2016—2020 年中国房车旅游行业深度调研及投资前景预测报告》（以下简称《报告》）分析认为，包括房车租赁企业在内的各大房车企业在互联网普及率持续上升的基础上都建立了网上房车平台。综观整个房车市场，消费者购买力偏低，网络租赁将会成为房车发展的趋势。

正如报告所言，目前国内房车的营销模式确实是以租赁为主，伴随着部分配套设施的销售，迎合了现代消费者的需求。随着时间的推移，房车营销模式越来越成熟，房车租赁的商业潜力日益明显。多数房车企业认为，"互联网 +"时代下的房车租赁必须通过互联网才能增加出租率。

2. 国内房车露营地的发展

房车酒店在我国发展尚处于起步阶段，但市场前景良好。2011 年，房车营地建设在我国各个地区如火如荼地开展。港中旅密云南山小镇房车露营地、北京狂飙乐园露营地、广东惠州凤谷湖畔露营地等特色房车露营地相继出现。根据《2018 中国露营地行业投资报告》，截至 2018 年底，中国已建成露营地 1239 个，在建 451 个，共计 1690 个。其中，2018 年新建成露营地 414 个。华东、东北地区仍为露营地发展的领头羊，北京、广东、山东位列露营地总量的前三名。①

3. 国内房车酒店的发展

随着房车旅游的推进，酒店企业发现了房车酒店的新商机。但目前我国已落成的房车酒店数量仍然很少，最具知名度的是深圳茵特拉根房车酒店，它是中西文化相结合的主题酒店，也是以自然山川为背景的体验型酒店。茵特拉根房车酒店由概念主楼和房车灵活组合而成，其流动的"客房"可以使客人随意置身于四大主题酒店的任何一处露营地，让顾客享尽酒店的各处美景，实现了酒店让消费者"常住常新、百住不厌"的经营设想。

（二）房车酒店的发展难题

1. 房车酒店的目标顾客群体有限

房车酒店是一种花费较高的产品，只有经济消费能力强且有相应空暇时间的中产阶级消费者才能成为房车酒店的目标顾客群体。换言之，经济和时间使得房车酒店的目标顾客群体有限，从而制约了房车酒店的发展。

目前，我国国内房车还未打开消费市场，市面上以进口房车为主。而进口房车的经营成本较高，其定价远远超过了实体酒店的客房价格，所以在大众眼中，房车总是一种遥远的存在。例如，在深圳茵特拉根房车酒店中，实体酒店的豪华双床房只需 238 元／晚，近距离房车需要 680 元／晚，而远距离房车则高达 2000元／晚。② 可见，房车价格与实体酒店价格的差距非常大，这难免会让人望而生畏。因此，现阶段的房车酒店无法实现大规模的发展。

---

① 中文互联网数据资讯网．露营天下 &SMART：2018 中国露营地投资报告 [EB/OL]．（2019-01-18）[2020-11-18].http://www.199it.com/archives/982923.html.
② 百度百科．房车酒店 [EB/OL]．（2020-06-26）[2020-11-18].https://baike.baidu.com/item/%E6%88%BF%E8%BD%A6%E9%85%92%E5%BA%97/50903712?fr=aladdin.

2. 房车酒店的配套服务欠佳

对于消费者而言，其最看重的就是房车酒店露营地的配套服务，而露营地数量少、配套设施落后、能源消耗大、停靠不便等因素直接导致了国内房车酒店发展缓慢。相对于国外房车酒店露营地的规模和设施，国内房车酒店发展程度尚浅，鲜有主题鲜明、娱乐性强的一站式房车酒店露营地。虽然天津、河北、昆明等地已建设了一些比较不错的房车营地，也配置了较好的娱乐设施，但其质量远不及国际标准，其数量也难以促进房车酒店的发展。目前，我国房车酒店露营活动的市场需求量逐渐增长，但其基础建设和管理方面还比较薄弱，所以我国房车酒店业在短期内还难以获得快速发展。

3. 房车酒店的宣传工作不到位

虽然房车酒店已引进我国多年，但对大多数中国人而言，它还是一个非常新鲜的短期休闲活动，这说明房车企业的宣传力度还不够，需要增加投入进行营销。例如，举办一些大型的群众性活动，使更多人群了解房车行业。相关部门测算了房车旅游、轿车旅游和飞机旅游所需的费用，得出房车旅游所花费用最低，而乘坐飞机旅游所花费用最高，并且，房车旅游还有一个明显的特征——自由。然而，这些优点还未在人们的心中形成一定的认知。这就要求房车企业要改变宣传方式，以房车的优点为核心，加大宣传力度，扩大市场份额。

4. 房车酒店的服务和安全得不到保证

一般来说，游客最关注的应该是服务质量问题和旅途中的安全问题。目前，国内房车酒店管理和服务还没有形成一定的体系，因而游客对酒店露营地高品质服务的要求还得不到满足。另外，房车酒店露营地大多建立在偏远的郊区，没有健全的配套设施，只能提供简单、快捷的服务。除此之外，这些露营地也没有完善的急救车、消防车、救护站等救援设施，如果遇突发自然灾害或游客患病等状况，将难以做出及时应对，这就难免使游客为他们的安全感到担忧。因此，无论是在品质服务还是在安全问题上，当前的房车酒店行业还有待提升。

二、房车露营的前景分析

（一）生活方式的改变促进房车酒店向前发展

2019年，我国旅游业全年总收入为6.63万亿元，同比增长11%。其中，国内旅游人数约 60 亿人次,同比增长 8.4%;国内旅游收入约 5.73 万亿元,同比增长 11.7%。[①] 这一统计表明旅游业作为我国第三产业在国民经济发展中的地位越发突出,也表明国民在旅游方面的消费支出出现了大幅度增长,人们的生活观念发生了改变。

由于社会经济快速发展,人们的生活水平得以提高,其旅游消费等生活方式越来越向个性化、多元化、自由化的方向发展,现代房车正是这样一种旅行方式。房车酒店及其露营地的兴盛将会吸引越来越多的高端顾客群体,从而推动房车酒店的发展。

(二)投资新动向促进房车露营地建设提速

随着旅游业的发展和人们生活压力的增大,旅游投资者将风向转到了休闲旅游上,房车露营乘机涌入国内,并伴随着投资浪潮逐渐往上发展。

近年来,国内房车露营日益兴盛,政府及企业也十分关注其建设与发展。例如,大连金石滩国际汽车露营地与驼马房车合作、广西政府合作开发房车露营地与南部中天房车合作,还有青海湖营地、天津蓟县山野营地、新疆喀纳斯湖营地、十三陵水库营地等露营地都和一些大企业有合作。可见,房车酒店露营地的建设前景非常好。

(三)房车露营将在东、西部地区大力发展

随着我国经济水平的提高,国内房车的购买力越来越强,房车产业已经发展到一定的规模。总体来看,我国东部居民的生活水平一般比中、西部居民的高,所以房车露营在东部地区发展将更有前景。目前,我国东部已经建立了华侨城房车酒店群落,周边的房车露营地的建设在其发展模式的推动下日趋完善。由此可见,东部地区经济较发达的地区(如北京、上海、广东等地)的房车酒店将会迅速发展起来,在给房车企业带来巨大经济效益的同时,也给当地人带来了福利。

我国西部地区地广人稀、旅游资源丰富、地域特色鲜明,能够带给游客独特的感受和体验。西部地区多数景点旅游持续时间较短,具有很强的季节性特征,而且地质地貌的特殊性比较适宜搭建临时性建筑等,这些特点为西部发展房车露营提供了基础,而且房车露营对西部地区的环境具有很好的保护作用。因此,房车露营在西部地区同样具有大力发展的潜力和趋势。

---

① 新华网.2019 年我国旅游总收入达 6.63 万亿元 同比增长 11%[EB/OL].(2020-03-11)[2020-11-18].http://www.xinhuanet.com/travel/2020-03/11/c_1125693570.htm.

总之，随着国内经济的不断攀升、露营地建设的不断推进、居民消费观念的不断转变，房车露营在我国的发展将加速走向成熟。

三、房车露营的发展策略

因地制宜是房车露营最核心的发展策略，再加上"互联网＋"的技术助推，目前我国的房车露营正朝着现代化、特色化的方向发展。我国西部得益于自然条件的先天优势，在房车露营建设方面累积的经验对整个特色酒店业的发展都具有参考价值。接下来就以我国西部地区为例，简要分析我国房车露营的特色化发展策略。

（一）经营战略

1. 因地制宜发展战略

因经济、地理、人文等方面的差异，我国西部地区房车露营的发展还不能一味地照搬国外及我国东部地区房车露营产业的发展模式，而是应充分吸收优良的经验，结合当地的特色进行发展。

首先，西部地区地势较高、交通道路多曲折、生物丰富多样，这就为房车露营地提供了充足的自然资源。房车露营开发者应充分利用这些奇特的自然景观，设计出具有西部风味的独特房车露营地。

其次，除了景观外，露营地的基础设施也很重要。在这一点上，房车露营开发者要考虑到西部地理环境的特殊性，安装安全性、环保性、专业性较强的设施，以消除游客在安全等方面的顾虑。

2. 可持续发展战略

可持续发展战略适用于一切能源经济系统的管理，它强调环境与人的协调发展，人们的活动应以保护环境为主，进而合理开发和利用资源。因此，房车露营在发展过程中应采用以下几个措施：

①房车露营相关设施的建设要在节能、节气的基础上进行，在建设中，可以利用风能、太阳能等自然资源，开展绿色、健康的经营方式；

②打造绿色、低碳、环保的房车露营品牌；

③房车所用的系统可以采用循环、节能的智能系统，其生产材料也尽量采用可循环的环保材料；

④绿化是保护环境的重要措施之一，西部地区的房车露营地可以根据当地的气候、地形特征搭配一些绿植，这样既能美化露营地周遭的环境，又能起到保护自然的作用。

3. "互联网＋"发展战略

"互联网＋"模式带动了各行各业新经营模式的涌现，旅游行业同样如此。受互联网的影响，旅游企业将传统的旅游模式升级为"互联网＋旅游"的模式，利用互联网把线上线下资源进行了整合，极力发展在线旅游。另外，国家也提倡"互联网＋旅游"的模式，并为之创造条件、搭建平台，希望与企业共同打造智慧旅游城市。

4. 差异化发展战略

（1）设计差异化的房车旅游产品

与其他产品毫无差别的产品是无法吸引人的，所以我国西部地区的房车旅游产品也应有各自的特征，形成一定的差异。产品的差异化实际上就是要对该产品做好创新工作。具体到房车旅游产品，就是要求其设计应与当地的地理资源、文化背景联系在一起，并从资源整合、设施建设、服务管理等方面出发，创新设计各个环节，增强产品的魅力，给游客留下深刻的印象。

（2）规划类型多样、主题丰富的房车酒店

我国西部地区部分景区是以纯自然环境为依托的，没有用水泥、木、石等材料搭建永久性建筑。并且，这些景区自然风景优美、丛林茂密，还具有独特的民族风情。因此，这些景区具有房车旅游业的发展潜质，是房车露营地的不二之选。

（3）完善房车露营的周边配套设施

房车露营的相关配套主要包括营地内部的基础设施配套和营地周边的娱乐设施配套。基础设施配套要求营地内要有完备的功能区划，以满足旅游者的生活需要。活动项目的设置可以根据营地的主题类型和营地周围的资源进行安排，但应尽量使营地的娱乐配套活动丰富。除了山地、森林等自然风光，还应有高尔夫、攀登、自行车道、步行栈道、酒吧、咖啡馆、丛林探险、赛马等多种项目，从而满足不同旅游者的多元化消费需求。

（4）开发适销对路的特色房车旅游线路

旅游线路必须根据地形进行规划。我国西部地区的地形地貌都很特殊，而且一般参加房车露营的旅游者都有一颗亲近自然、体验文化或探玄寻密、惊险刺激的心。因此，房车露营开发者可以根据当地的自然资源，以"新""奇"为主题，设计出符合游客吃、喝、娱的特色旅游路线。

（二）市场营销策略

1.房车旅游市场定位及细分

国外房车旅游的人集中在年轻人和退休人员当中，而我国的房车旅游人群多为高收入者、退休后的旅游爱好者，这是因为我国房车旅游业发展仍在初级阶段，定价较高。对此，房车旅游开发者应着重关注这类人群的喜好，针对他们的需求制定特色旅游方案，以吸引其参与活动。当然，现在许多年轻人酷爱户外运动，且经济压力小，所以房车旅游开发者也要注意挖掘这类人群。然而，年轻人的经济基础相对薄弱，所以还应尽量开发多样化的适合年轻人消费的产品，以拓宽消费群体，从而增加营业额。

2.加大宣传营销力度

自房车露营项目引入我国以来，各地房车露营业的兴办、竞争越来越激烈。想要在如此洪流中脱颖而出，开发者就要不断地利用具有特色的图文信息来宣传自己的房车露营地，也可以利用各种网络平台进行宣传，甚至可以参加一些影响力较大的展览会，进而提升自身品牌的知名度。

3.加强露营地的建设和营销

为了更好地建设房车露营这一项目，国务院颁发了《关于进一步促进旅游投资和消费的若干意见》。该意见提出了提升旅游基础设施、改善旅游消费环境的计划和措施。

西部地区的房车露营活动主要是在露营地进行的，依赖于当地的天然风光，所以开发者主要可以从以下三个方面入手。

首先，活动场所是一个项目中的重要元素。房车露营活动地点最基本的条件是风景优美、交通便利、方便活动。在此基础上，负责人还要考虑该地址被目标顾客接受和熟知的程度，因为一个陌生的景区要打响名声是比较困难的，也需要时间的积淀。

其次，服务质量是所有消费者关注的重点问题，因此，房车露营开发者可以通过多种渠道了解目标顾客的各种需求，并加以整合优化，以打造属于自己品牌的特色服务体系。

最后，营销策略也是企业经营的重要组成部分。如前所述，目前国内房车露营活动的知晓度较低而定价较高，所以开发者可以通过一些优惠活动、创意活动对房车露营相关信息进行推广、宣传；也可以做一些市场调研活动，对人们的认知和体验感受进行研究，改进不足之处，发扬优点，尽最大努力让更多的人认识、认可和热爱房车露营。

4. 加强与房车行业协会及相关企业的合作

行业协会的影响力是不容小觑的，它可以对房车露营起到监督、管理的作用，也可以帮助企业分析问题，并提出改进意见，从而促进其良性发展。

企业虽然是独立的个体，但企业之间是相互联系、相互作用的。因此，房车露营企业可以和其他房车企业之间通过行业协会或其他途径进行紧密的合作，实现"强强联合"，形成一个强大的房车行业链，促进房车露营的发展。

四、"互联网＋"房车露营的应用案例[①]

尽管房车露营在国内还处在初步发展阶段，但有一批企业已瞄准商机，抓住发展机遇，走在了行业发展的前列。它们不仅重金投入房车营地的建设，而且利用"互联网＋"的优势，积极推动房车露营的信息化和智能化建设，酷易乐房车驿站就是其中之一。

酷易乐房车驿站致力于打造一体化服务体系的房车平台，传播房车露营消费理念，业务内容包括经营出售房车、私人订制、租赁房车、房车美容等。除了将这些常规服务进行线上线下联动，酷易乐房车驿站还充分利用"互联网＋"的优势投资房车露营地的建设，其中最重要的项目当属智能水电桩的建设。

对于房车来说，水与电的补给是最重要的也最基础的。对于房车露营者来说，如果露营地找不到必需的水电设施，那么他们就可能会重新考虑露营地的选址。酷易乐房车营地充分运用"互联网＋"打造智能化水电桩系统，该系统是与微信公众号相关联的，智能水电桩的位置可以在公众号中被清晰地标记出来。因此，当露营地缺乏水电时，游客可以通过公众号搜寻到水电。当然，这仅仅是开始，酷易乐还有一个十年计划，即在全国各旅游营地都设置智能水电桩，为游客们提供方便、快捷的水电补给服务。

---

① 贵阳网．乐浩波：房车营地也要"互联网＋"[EB/OL]．(2016-05-06)[2020-11-18].https://www.sohu.com/a/73375904_119665.

参考文献

[1] 余以胜，胡汉雄．解读"互联网＋"[M]．广州：华南理工大学出版社，2016．

[2] 周鸣争，刘三民．"互联网＋"导论[M]．北京：中国铁道出版社，2016．

[3] 陈岩英，谢朝武．酒店经营管理新论[M]．北京：中国旅游出版社，2015．

[4] 刘晓莹，杨诗源．"互联网＋"时代艺术类大学生创新创业基础教程[M]．厦门：厦门大学出版社，2019．

[5] 高晖．网络营销[M]．西安：西安交通大学出版社，2012．

[6] 贾名清，蒋善涛．市场营销学[M]．南京：东南大学出版社，2011．

[7] 郑建辉，李征，卢友东．电子商务概论[M]．北京：北京理工大学出版社，2017．

[8] 江美亮．星级酒店营销模式与活动策划[M]．广州：广东经济出版社，2015．

[9] 孔炯炯，潘辉，万超．外贸网络营销[M]．上海：复旦大学出版社，2015．

[10] 李雄清，熊铭，徐达，等．一种航空公司机票＋酒店打包推荐方法的研究和实现[J]．电子测试，2020（16）：54．

[11] 史伟婷．基于智慧旅游核心技术下的智慧酒店建设浅谈[J]．青年科学（教师版），2014（8）：13．

[12] 程善兰，卜燕红．DT时代背景下酒店智慧化建设探析[J]．对外经贸，2016（8）：69．

[13] 蔡蓉蓉．智慧酒店人才培养机制探讨[J]．江苏科技信息，2014（20）：77-78．

[14] 王琳，邱小樱．基于智慧酒店发展需要的酒店管理专业人才培养分析[J]．太原城市职业技术学院学报，2014（7）：140．

[15] 顾婷婷，蔡蓉蓉，潘鸿雷．智慧旅游背景下南京市酒店业人力资本开发研究 [J]．商业经济，2013（22）：64.

[16] 王文佳．智慧酒店与智慧停车场分析 [J]．中国公共安全（综合版），2014（11）：86.

[17] 叶建云．智慧酒店客房精细化节能设计 [J]．智能建筑，2013（4）：69-73.

[18] 段秀民．酒店客房智能控制系统设计探讨 [J]．建材与装饰，2012（25）：19.

[19] 陈立群．基于智慧城市理念的现代酒店业发展探讨 [J]．企业导报，2014（5）：73.

[20] 张凌云，乔向杰，黄晓波．智慧旅游的理论与实践 [M]．天津：南开大学出版社，2017.

[21] 李云鹏．智慧旅游规划与行业实践 [M]．北京：旅游教育出版社，2014.

[22] 吴文智．民宿概论 [M]．上海：上海交通大学出版社，2018.

[23] 杨欣，殷燕．两岸民宿比较研究 [J]．经济研究导刊，2012（34）：187.

[24] 潘颖颖．浙江民宿发展面临的困难及解析：基于西塘的民宿旅游 [J]．生产力研究，2013（3）：132.

[25] 吴玮．台湾民宿业发展现状及数字化营销策略研究 [J]．泉州师范学院学报，2015（3）：100.

[26] 周琼．台湾民宿发展态势及其借鉴 [J]．台湾农业探索，2014（1）：13.

[27] 姚恩育．民宿产业 风往哪里吹 [J]．浙商，2016（9）：47.

[28] 刘亭．民宿经济：农家乐的升级版 [J]．浙江经济，2014（20）：12.

[29] 游海华，曾亚农．民宿产业发展研究：以杭州市为例 [J]．嘉兴学院学报，2016（5）：85.

[30] 魏小安．激活沉睡资源 发展民宿经济 [J]．中国房地产（市场版），2016（10）：19.

[31] 蒋佳倩，李艳．国内外旅游"民宿"研究综述 [J]．旅游研究，2014（4）：16-22.

[32] 洪涛，苏炜．民宿运营与管理 [M]．北京：旅游教育出版社，2019.

[33] 范香花，莫红霞，冯小霞，等．中国旅游酒店业发展研究：案例与实证 [M]．成都：四川大学出版社，2018.

[34] 斯特凡·卡门清德，姚量. 民宿之美 II [M]. 贺艳飞，译. 桂林：广西师范大学出版社，2017.

[35] 姚量，于洋洋，苑圆. 墟里壹号 [J]. 国际纺织品流行趋势，2017（6）：190-197.

[36] 戚山山. 民宿之美 [M]. 桂林：广西师范大学出版社，2016.

[37] 余有勇. 我国邮轮旅游产业发展形势研究 [J]. 中国经贸导刊，2020（11）：41-42.

[38] 张涛，杨雪. 中国邮轮产业发展报告（2019）正式发布 [J]. 中国水运，2019（11）：1006-1073.

[39] 吉涵宇，席涛. 大数据时代智慧校园的信息可视化设计应用研究 [J]. 包装工程，2017（14）：95-100.